Du hast Worte ewigen Lebens

Adrian Warzecha (Hg.)

Du hast Worte ewigen Lebens

Neue Traueransprachen

Schwabenverlag

VERLAGSGRUPPE PATMOS

PATMOS
ESCHBACH
GRÜNEWALD
THORBECKE
SCHWABEN

Die Verlagsgruppe
mit Sinn für das Leben

MIX
Papier aus verantwortungsvollen Quellen
FSC® C006701
FSC www.fsc.org

Für die Schwabenverlag AG ist Nachhaltigkeit ein wichtiger Maßstab ihres Handelns. Wir achten daher auf den Einsatz umweltschonender Ressourcen und Materialien. Dieses Buch wurde auf FSC®-zertifiziertem Papier gedruckt. FSC (Forest Stewardship Council®) ist eine nicht staatliche, gemeinnützige Organisation, die sich für eine ökologische und sozial verantwortliche Nutzung der Wälder unserer Erde einsetzt.

www.schwabenverlag-online.de

Umschlaggestaltung oder Gestaltung: Finken & Bumiller, Stuttgart
Umschlagabbildung: Panka Chirer-Geyer, Variationen violett-orange (2005);
Foto: Stefan Weigand
Druck: CPI – Ebner & Spiegel, Ulm
Hergestellt in Deutschland
ISBN 978-3-7966-1573-3

Inhalt

Trauerfeiern zu bestimmten Zeiten im Kirchenjahr

Hinweis: Um die Lesbarkeit der Beiträge zu verbessern, haben wir auf inklusive Sprache (»Unsere Verstorbene/unser Verstorbener« usw.) verzichtet und uns jeweils für eine Form entschieden. Dies kann beim Überarbeiten leicht angepasst werden.

Vorwort

Menschen in ihrer Trauer anzusprechen und hilfreich zu begleiten, bleibt für alle in der Seelsorge Tätigen eine ständige Herausforderung. Abschied und Zuspruch werden auch für jene, die seit vielen Jahren im pastoralen Dienst stehen, nie zur Routine, sondern erweisen sich jedes Mal neu als Ernstfall unseres Glaubens und unserer Hoffnung.

»Herr, zu wem sollen wir gehen? Du hast Worte des ewigen Lebens.« (Joh 6,68) Petrus spricht aus, was auch heute noch viele Menschen empfinden, die sich im Trauerfall an christliche Seelsorger wenden. Neben der Anteilnahme an ihrer Not und einem liebevollen Blick auf ihre Verstorbenen erhoffen sie sich von uns ein Wort der Zuversicht und des Trostes.

»Du hast Worte ewigen Lebens.« Dieses biblische Zitat steht als Leitwort über dem hier vorliegenden neuen Buch mit Traueransprachen. Alle Beiträge konzentrieren sich auf Bilder und Worte Jesu, wie sie in den Evangelien überliefert sind. Dabei werden auch Bibelstellen in den Blick genommen, die im ersten Moment als Grundlage für eine Traueransprache ungewöhnlich erscheinen. Da die Evangelien jedoch insgesamt im Licht von Ostern geschrieben sind, geben sie auch in ihrer Ganzheit Zeugnis von der christlichen Hoffnung auf Vollendung. Dieses lebensfreundliche und verheißungsvolle Potenzial der Worte Jesu wird in den vorliegenden Beiträgen beispielhaft erschlossen. Zugleich soll damit eine Brücke zu jenen Zuhörerinnen und Zuhörern geschlagen werden, die heute mit den biblischen Schriften oft nicht mehr vertraut sind und über die Worte Jesu und seine Person am ehesten einen Zugang zur christlichen Botschaft erhalten. Über einzelne Worte und Bildworte Jesu hinaus bietet dieser Band Ansprachen zu bestimmten Festzeiten im Kirchenjahr.

Unser Dank gilt den Frauen und Männern, die die vorliegenden Traueransprachen aus ihrem pastoralen Erfahrungsschatz heraus formuliert haben und allen, die in ihrem Dienst für die Trauernden und Gemeinden die Anregungen auf die konkrete Begleitsituation übertragen.

ADRIAN WARZECHA

Bilder des Lebens

Den Dornen im Leben trotzen

Schrifttext: Mt 13,3–9

Mögliche Trauersituation: Menschen mit Brüchen in ihrer Lebensgeschichte

Ansprache

Liebe Trauergemeinde!

Ich denke, wir alle kennen Widerstände und Schicksalsschläge, die Dornen des Lebens. Mit Dornen haben wir es immer wieder im Leben zu tun. Da scheint unser Lebensweg eben noch glatt und unbeschwerlich, und plötzlich geraten wir in Dornen, die es uns sehr schwer machen, unseren Weg fortzusetzen. Wir müssen Umwege machen, mühsam den Dornen ausweichen, und oft genug geht das nicht ohne Verletzungen und Schmerzen ab. Da werden wir völlig unvorbereitet Opfer einer schweren Krankheit, entweder wir selbst oder ein Familienmitglied oder sonst jemand, der uns nahe steht. Da werden wir plötzlich mit dem Verlust des Arbeitsplatzes konfrontiert, und wir wissen nicht mehr, wie unser künftiges Leben aussehen wird. Da zerbricht plötzlich eine Ehe, die große Liebe ist am Ende, das vertraute Leben, das eben noch geführt wurde, ist Vergangenheit, möglicherweise für immer. Und uns beschäftigt vor allem die Frage: Wie soll es weitergehen?

Der Verstorbene N. N. hat in seinem Leben viele dieser Dornen erleiden müssen. Man könnte es salopp ausdrücken: Nichts blieb ihm erspart. Krankheit, Arbeitslosigkeit, die Scheidung von seiner Frau, der frühe Tod des einzigen Sohnes – da kam einiges zusammen. Schon eines dieser schlimmen Ereignisse hätte genügt, um andere aus der Bahn zu werfen. N. N. jedoch schaffte es immer wieder, auf die Füße zu kommen. Hier bewies er eine erstaunliche Kraft, um den Dornen seines Lebens zu trotzen. Er konnte seine Schicksalsschläge hinnehmen, verarbeiten und praktisch gestärkt daraus hervorgehen. Woher nahm er diese Kraft?

Wir haben im Evangelium das Gleichnis Jesu vom Sämann gehört. Die Saat, das heißt die Botschaft vom Reich Gottes, wird unterschiedlich aufgenommen. Jesus selbst hat sein Gleichnis erklärt. Nur die Saat, die auf fruchtba-

ren Boden fällt, bringt reiche Frucht. Das soll heißen: hier ändert ein Mensch sein Leben und lebt so, wie es Gott gefällt. Es ist klar, dass die Saat auf dem Weg, wo sie gefressen wird, und auf dem felsigen Boden, wo sie keine Wurzeln schlagen kann, nicht aufgehen kann. Das Wort Gottes vermag keine permanenten Folgen für unser Leben zu haben. Was aber ist mit den Dornen?
Liebe Trauergemeinde, Jesus sagt, dass die Saat in den Dornen dem Wort gleicht, das zwar gehört wird, aber von den Sorgen dieser Welt und dem trügerischen Reichtum erstickt wird und deshalb keine Frucht bringt. Wenn wir dies auf unseren Verstorbenen N. N. anwenden wollen, so können wir feststellen, dass er zweifellos das Wort gehört hat. Er war ein Suchender, der sich immer wieder am Wort Gottes orientiert hat. Viele von uns werden bezeugen können, dass er ein jeder Hinsicht hilfsbereiter Mensch war, der trotz seiner Schwierigkeiten und Schicksalsschläge nie seine Mitmenschen aus den Augen verlor. Nein, die Dornen seines Lebens bewirkten nicht, dass er sich in sich selbst zurückzog, sich von der Welt abkapselte und einsam und in Verbitterung gelebt hatte. Die Kraft für die Überwindung seiner Probleme und die Kraft für seine Mitmenschlichkeit gewann er aus dem Glauben. Denn es ist keineswegs so, dass die Saat zwischen den Dornen verkümmern muss. Das ist kein unabänderliches Schicksal. Die Dornen sind besiegbar. Das Wort ist gehört worden und es braucht dann allerdings eine große Kraftanstrengung, um es wirken zu lassen. Wer das Wort hört und aufnimmt, wer es ernst nimmt und sein Leben daran ausrichtet und wer entsprechend handelt, besiegt letztlich auch die Dornen. Dies hat N. N. in seinem Leben bewiesen.
(Hier können die persönlichen Lebensdaten von N. N. eingefügt werden)
Liebe Trauergemeinde, wir haben von diesem Leben gehört, einem Leben mit schlimmen Ereignissen, aber auch einem Leben, in dem viel Gutes bewirkt wurde. Ich glaube, der größte Trost für uns alle liegt darin, dass wir die Gewissheit der Auferstehung haben. Der Verstorbene hat ganz gewiss daran geglaubt, und nun kann er die Früchte seiner Bemühungen ernten. Die Saat ist aufgegangen – N. N. hat die Dornen besiegt. Wir können sicher sein, dass er nun im Lichte Gottes lebt, dass er nun das erreicht hat, was immer das Ziel seines Lebens war – ein Leben bei Gott. Sein starker Glaube hat ihn dazu befähigt, aus dem ständigen Lebenskampf letztlich als Sieger hervorzugehen. Dies ist auch eine wichtige Botschaft für uns Hinterblie-

bene: Der Glaube an die Barmherzigkeit Gottes wird auch uns die Kraft geben, über den Verlust hinwegzukommen.

Fürbitten

Herr, unser Gott, wir stehen hier vor dir in unserer Trauer und in unserem Schmerz über den Tod von N. N. Hier möchten wir unsere Bitten anführen und bitten dich:

- Für N. N., den du in die Ewigkeit berufen hast. Lass ihn deine Herrlichkeit sehen.
- Für die Hinterbliebenen von N. N. Tröste sie in ihrem Schmerz und gib du ihnen Kraft, diese schwere Zeit zu überstehen.
- Für alle, die sich schwertun, den Glauben in ihr Leben einzubeziehen.
- Für die Menschen, die sich unermüdlich für andere einsetzen und dabei Gefahr laufen, sich selbst zu kurz kommen zu lassen.
- Für uns alle, dass wir die Dornen unseres Lebens besiegen können und dass die Saat des Evangeliums voll bei uns aufgehen kann.
- Für unsere Verstorben, die N. N. vorangegangen sind und ihn nun in der Ewigkeit erwarten.

Denn du, Herr, bist ein menschenfreundlicher Gott und bleibst in Ewigkeit mit uns verbunden.

WOLFGANG DOERING

Den Schatz im Acker entdecken

Schrifttext: Mt 13,44–46

Mögliche Trauersituation: Menschen, die sich intensiv einer Sache gewidmet haben

Ansprache

Am Sarg eines geliebten Menschen sammelt und bündelt sich noch einmal das ganze Leben. Viele Erinnerungen tauchen auf. So lebendig, wie wir N. N. gekannt haben, steht sie noch einmal vor uns. Unter den vielen Erinnerungen, die Sie, die Sie sie kannten, haben, ragt eine besonders hervor: Sie hat sich ja so intensiv *(hier wird die Sache selbst erwähnt, derer sich die Verstorbene angenommen hat)* mit dieser Sache identifiziert, ihr all ihre Zeit und Kraft gewidmet. Darin wird ganz gewiss das Gedenken an N. N. fortleben. Der Schatz im Acker, die kostbare Perle, von denen wir in der Schriftlesung aus dem Matthäusevangelium gehört haben, war für sie (…). Darin hat sie so etwas wie die Erfüllung ihres Lebens gesehen, einen Lebensauftrag. Das war ihr Schatz, den sie gefunden hat und für den sie alles gegeben hat: Zeit, Können, Kraft, ihr Herzblut.

Wenn ein Mensch solch einen Schatz für sein Leben gefunden hat, dann empfindet er sein Leben als erfüllt, als sinnerfüllt und wertvoll. Aber was bedeutet das über den Tod hinaus? Irgendwann vergehen auch die Spuren eines Menschen, die er hinterlassen hat, die Erinnerung verblasst und erlischt. War es das dann?

Die Stelle aus der Heiligen Schrift, die wir gehört haben, ist ein Gleichnis Jesu. Es geht ihm hier und in seiner ganzen Verkündigung einzig um ein Thema: das Himmelreich oder das Reich Gottes, das nahe ist. Was ist dieses Reich Gottes, dieses Himmelreich, von dem Jesus hier und so oft spricht? Es ist nicht einfach der Himmel, wie wir ihn landläufig verstehen, sondern Himmelreich meint die umfassende Herrschaft Gottes, wenn alle widergöttlichen, das heißt alle lebensfeindlichen, lieblosen und gottlosen Mächte besiegt sind und Gott alles und in allem ist. Und seine Herrschaft heißt Liebe und Versöhnung, Friede und Gerechtigkeit, in einem Wort: Leben in Fülle. Auch der Tod hat in diesem Himmelreich keine Macht mehr. Dieses

Himmelreich hat mit Jesus endgültig begonnen. In ihm ist abzulesen, was Himmelreich, was Gottesherrschaft bedeutet. Und Gott bestätigt selbst die Worte und das Handeln Jesu, indem er ihn nicht im Tod belässt, den er erlitten hat, sondern ihn auferweckt: An Ostern strahlt das Himmelreich auf. Das Leben hat den Tod besiegt.
Und dieses, so sagt Jesus in diesem Gleichnis, dieses Himmelreich gilt es zu suchen mit aller Kraft. Dem gegenüber verblasst alles andere, weil alles, was dem Leben dient, darin enthalten ist.
In Jesus Christus wird dieses Himmelreich anschaulich. Das Himmelreich zu suchen, den Schatz, die einzigartige Perle, das heißt Jesus Christus zu suchen, sich ihm anzuschließen, in ihm das Leben zu finden.
Durch die Taufe wurde N. N. in Jesus Christus als Glied an seinem Leib eingegliedert und so in das Himmelreich aufgenommen, hineingenommen in den Herrschaftsbereich Gottes, und wo Gott herrscht, da ist Leben, unaussprechlich glückliches und seliges Leben.
Ihr Engagement hat sie erleben lassen, was es bedeuten kann, sich ganz für etwas einzusetzen, wie erfüllend es sein kann, sich einer Sache anzunehmen, ihr Herzblut dafür einzusetzen. Diese Spuren bleiben gewiss für eine Zeit. Das ist nicht wenig, aber eben nicht alles. Es bleibt noch viel mehr: Sie selbst, verklärt, verwandelt, hineingenommen in die Lebensgemeinschaft mit Gott in seinem Reich. Und ihr Engagement hier wird zur Erfüllung dort.

Fürbitten

Du Gott des Lebens, zu rufen wir voll Hoffnung und Vertrauen in dieser schmerzlichen Stunde des Abschiednehmens:

- Für N. N.: Nimm sie auf in dein himmlisches Reich, vergilt ihr alles Gute, all ihren Einsatz, den sie geleistet hat in ihrem Leben, und vergib ihr, wo sie schuldig geworden ist.
- Für alle, die um N. N. trauern: Wandle ihre Trauer in dankbares Gedenken und stärke ihren Glauben und ihre Hoffnung.
- Für alle, die sich engagieren und sich einsetzen für das Leben, für Gerechtigkeit und Frieden, für die menschliche Gemeinschaft in ihren vielen Formen: Lohne ihnen ihre Mühe mit deinem Segen.
- Für alle, die dem Tode nahe sind: Lass ihnen dein Licht leuchten und lasse sie deine Nähe spüren.

- Für uns selbst: Lass uns in Jesus Christus das Leben finden, in ihm die Wahrheit unseres Lebens erkennen und seinen Weg gehen, der zu dir führt.

Gott, dir empfehlen wir die Lebenden und Toten, denn du bist der Gott des Lebens. Darauf vertrauen wir, wenn wir dich auch in dieser schweren Stunde loben und preisen durch Christus, unseren Herrn.

HANS-MICHAEL SCHNEIDER

Zur vollen Reife heranwachsen

Schrifttext: Mk 4,26–29

Mögliche Trauersituation: Menschen mit erfülltem Leben

Ansprache

An Erntedank wird in unseren Kirchen ein Erntedankalter aufgebaut. Obst, Gemüse, Getreide, Lebensmittel aller Art werden dort schön und festlich aufgebaut. Für das Jahr ist ausgesorgt, die Ernte ist eingebracht und alle können sie sehen. Ein Fest der Freude!

Vielleicht feiern wir heute auch eine Art Erntedankfest. Wir blicken auf das Leben von N. N. und sehen die reiche Ernte, die sie einbringen konnte. Wir sehen all das Gute, das sie getan hat. Wir blicken auf das, was sie vollbringen konnte in all den Jahren. Und wir schauen voll Dankbarkeit darauf zurück. Ein gelungenes Leben, das sich uns da zeigt. Nicht immer einfach, nicht ohne Herausforderungen, aber doch so, dass sie selbst am Ende sagen konnte: Es ist gut, was mir Gott alles geschenkt und ermöglicht hat.

Damit feiern wir eigentlich ein doppeltes Erntedankfest: Wir schauen dankbar auf das Leben von N. N. zurück, und vielleicht können wir das nur deswegen so befreit – und selbst an diesem heutigen Tag auch nicht ohne Freude – tun, weil sie selbst voll Dankbarkeit auf ihr eigenes Leben schauen konnte. Die vielen Samenkörner, die sie ausgesät hat, haben reiche Frucht und Ernte getragen.

Es ist wichtig, dieses schöne Bild, das uns das Markusevangelium liefert, etwas näher anzuschauen. Dort wird uns in einer Gleichniserzählung berichtet, dass ein Mensch Samen auf seinen Acker ausbringt. Dann heißt es: »Er schläft und steht wieder auf, es wird Nacht und es wird Tag, der Samen keimt und wächst, und der Mensch weiß nicht wie. Die Erde bringt von selbst ihre Frucht.« Nicht allein die Leistung des Menschen ist es, die die Saat groß und ertragreich werden lässt. Es ist wesentlich auch die Kraft der Erde. Mit unserem eigenen Leben verhält es sich genauso: Wir können selbst nur einen Teil davon, vielleicht sogar den deutlich kleineren Teil, dazu beitragen, dass es wirklich gelingt. Vielmehr liegt unser Leben in Gottes Hand, und wenn wir am Ende unseres Lebens auf eine gute Ernte zurückblicken, ist es auch Gottes Ernte. Dabei kommt es gar nicht darauf an, dass der Erntedankaltar möglichst groß und prächtig und für alle sichtbar ist. Mancher Erntedankaltar des Lebens ist unscheinbar und vor den Menschen vielleicht sogar armselig. Aber auch diese Ernte kann gut und wertvoll sein, gerade weil sie ihren Ertrag im Kleinen und Verborgenen gebracht hat.

N. N. wusste um all das. Sie hat ihr Leben im Glauben gestaltet und das demütige Wissen darum, dass all das, was ihr gelang, auch mit Gottes Hilfe geschah, verhalf ihr zu einer eigenen Größe und Stärke.

Freilich führt uns das Gleichnis vom Wachsen der Saat noch weiter. Denn Jesus leitet dieses Gleichnis ein mit den Worten: »Mit dem Reich Gottes ist es so, wie wenn ein Mensch Samen auf seinen Acker sät.« Es geht also nicht nur darum, wie ein Leben mit Gott reiche Ernte bringen kann. Vielmehr gibt uns Jesus damit ein Bild, wie unser Leben über das irdische Leben hinausreicht, hinein in das Reich Gottes, oder, wie wir in einem anderen Bild sagen, in den Himmel. Was hier auf Erden klein und unscheinbar beginnt, was hier gut ist und wächst, geht im Himmel, bei Gott, im ewigen Leben nicht verloren. Es wird groß, ungeahnt prächtig und wertvoll – unvergleichbar mit dem, was wir hier von der Erde kennen, aber doch so, dass wir es erahnen können.

»Sobald aber die Frucht reif ist, legt er die Sichel an, denn die Zeit der Ernte ist da«. So endet unsere kurze Stelle aus dem Markusevangelium. Für N. N. war jetzt die Zeit der Ernte. Wir geben sie zurück in Gottes Hand, dankbar für all das Gute, das durch sie geschehen durfte. Und wir sind voll Zuversicht, dass ihr Glaube, der sie auf Erden geprägt hat, im Himmel zu ungeahnter Fülle und Vollendung heranwächst.

Fürbitten

Allmächtiger Gott, voll Vertrauen auf deine rettende Kraft bitten wir dich:

- Für N. N. Nimm sie auf in dein Reich und erfülle an ihr, was sie im Leben geglaubt hat.
- Für ihre Angehörigen und alle, die um sie trauern; für die, die deine Nähe und deinen Trost besonders brauchen.
- Für alle Menschen, die glauben, dass ihr Leben keine Ernte bringen kann; für die, die nach Sinn und Erfüllung suchen.

- Für die verstorbenen Angehörigen von N. N. und alle unsere Verstorbenen; für die, die uns im Glauben vorausgegangen sind.

Guter Gott, deine Macht durchbricht die Grenze des Todes und bringt Licht und Hoffnung in unser Leben, wo es dunkel ist. Höre auf unsere Bitten durch Christus, unseren Herrn.

GERHARD SCHNEIDER

In allen Stürmen geborgen sein

. . . .

Schrifttext: Mk 4,35–41

Mögliche Trauersituation: Menschen mit wechselvollem Leben

Ansprache

Liebe Trauernde,
da steigen Menschen zusammen in ein Boot. Sie hoffen auf eine glückliche Überfahrt, vielleicht sind sie schon in freudiger Erwartung auf ein schönes Ziel. Gemeinsam werden wir es sicher gut schaffen, davon waren sie überzeugt. Doch ihre Träume müssen bald der Realität weichen. Ein Sturm kommt auf. Heftige Winde bringen das Segelschiff beinahe zum Kentern. Das Segel wird eingeholt. Das Boot treibt auf den Wellen hin und her. Die Mannschaft stemmt sich mit aller Kraft in die Ruder, aber sie können nicht in die Nähe des rettenden Ufers gelangen. Die Wellen treiben sie zurück in die Mitte des Sees. Der Himmel hat sich mittlerweile verdunkelt. Ihr Blick ist verstellt. Sie sehen kein Land mehr. Sie verlieren die Orientierung. Wasser spritzt in das Boot. Mit Schöpfkellen versuchen sie das Boot vor dem Untergang zu retten. Sie sind völlig durchnässt vom Schweiß und von dem Regen, der mittlerweile eingesetzt hat. Wer kann jetzt noch helfen? Wer hört ihre Schreie? Wer weiß um ihre Not?
In dieser Geschichte aus der Bibel ist es Jesus, der ebenfalls mit an Bord ist. Er schläft. Doch als seine Jünger ihn anflehen, wacht er auf und spricht ein Machtwort. Der Sturm legt sich, die Angst weicht, die Jünger atmen auf und kommen gesund ans Ziel. Was hier so fast märchenhaft endet, ist keine Geschichte, die sich nur einmal vor vielen Jahren so abgespielt hat. Es ist eine Geschichte, die sich auf verschiedene Weise immer wiederholt. Am Anfang stand die Erfahrung von Fischern, die sich auf Jesus eingelassen hatten, die mit ihm durch Palästina zogen; die mehr als einmal Angst hatten und öfters mal verzweifelt waren. Aber als Fischer wussten sie: wer sich in Zeiten der Angst und Not aufgibt, der ist verloren. Wer aber in Gefahr seinen Glauben nicht über Bord wirft und wer Gemeinschaft sucht, der kann auch einen Sturm überstehen.

Liebe Trauernde, ich kann mir vorstellen, dass es Ihnen gerade wie den Jüngern geht, dass auch Sie die Erfahrung von Wind und Sturm kennen, die einem ins Gesicht blasen, und die Angst, wie es weitergehen soll. Die Erfahrung, dass ein vertrauter Mensch stirbt, kann eine solche Sturmerfahrung sein, die einen umweht und den Boden unter den Füssen wegzieht. Und auch das Leben des Verstorbenen war nicht ohne solche Lebensstürme. Vielleicht haben Sie sie miteinander gemeistert und durchgestanden. Jetzt bleiben Sie allein zurück. Das ist eine bittere und schmerzhafte Erfahrung, die immer wieder hochkommt und Sie fast verzweifeln lässt. Wer kann Ihnen in dieser Situation der Angst, des Zorns, des Schmerzes und der Trauer beistehen und helfen? Womöglich spüren Sie, dass es Menschen gibt, die an Sie denken und für Sie beten. Und vielleicht kennen Sie auch das Gefühl, dass jemand mit Ihnen im Boot sitzt, vielleicht noch unerkannt. Sie spüren die Hoffnung, Sie ahnen, dass Ihr Weg weitergeht und dass Sie diesen schweren Weg nicht allein gehen müssen. Jesus Christus war bei den Jüngern im Boot. Als diese nicht mehr weiterwussten in ihrer Not, haben sie Jesus gerufen und ihn geweckt. Er hat ihnen geholfen, indem er dem Sturm Einhalt gebot und ihm so die Macht nahm. Jesus Christus weiß um unsere Lebensstürme und unsere Not. Er ist mit uns im Boot, mit uns unterwegs auf unseren Wegen. Er lässt uns und heute besonders Sie, liebe Trauernde, nicht allein. Zu ihm dürfen Sie klagen und schreien. Ihm dürfen Sie aber auch vertrauen, hier im Leben und auch im Dunkel von Leid und Tod. Jesus hat die Macht des Todes gebrochen und uns die Hoffnung auf ein Leben in Fülle geschenkt, ein Leben ohne Angst, in Frieden und Gemeinschaft.

Fürbitten

Die Jünger im Boot haben in ihrer Angst und Not nach Jesus gerufen. Sie haben darauf vertraut, dass er sie retten kann. So rufen auch wir vertrauensvoll zu ihm:

- Jesus, du hast am Grab deines Freundes Lazarus geweint: Trockne die Tränen der Angehörigen, der Freunde und Bekannten, und tröste alle, die um ihn trauern, mit deiner Nähe.

A.: Wir bitten dich, erhöre uns.

- Jesus, du bist am Kreuz gestorben, damit wir das Leben haben. Stehe allen Menschen bei, die schwer krank und dem Tode nahe sind. Stärke sie mit Zuversicht und Vertrauen in deine Treue über den Tod hinaus.
- Jesus, du hast das Böse überwunden und den Frieden gebracht. Beende Hass und Streit zwischen den Völkern unserer Erde, und lass alle Flüchtlinge eine neue Heimat finden.
- Jesus, in der Begegnung mit dir sind viele Menschen gesundet. Schenke auch uns diese Kraft der Zuwendung und Nähe, die andere Menschen heil und froh machen kann.
- Jesus, du bist die Auferstehung und das Leben. Führe alle unsere Toten in das Land des Lichtes und schenke ihnen die Fülle des Lebens bei dir.

Denn du, Jesus, bist unsere Hoffnung und unsere Zuversicht in Ewigkeit.

Segen

Bitten wir Gott um seinen Segen:
Wenn die Stürme des Lebens uns durchrütteln, lass einen Menschen an unserer Seite sein, der uns stützt und hält.
Wenn alles dunkel und ausweglos scheint, lass ein Licht der Hoffnung aufscheinen und gib uns Zuversicht.
Wenn der Boden unter uns schwankt, schenke uns Kraft und Standfestigkeit.
Das gewähre uns der barmherzige Gott, der Vater, der Sohn und der Heilige Geist.

CHRISTEL KLEINE

Am Tisch Platz finden

Schrifttext: Lk 12,35–44

Mögliche Trauersituation: Menschen, die für andere gesorgt haben

Ansprache

Verehrte Trauerfamilie, geehrte Trauergemeinde, liebe Schwestern und Brüder!

Vielleicht hat die Frage des Petrus im eben gehörten Evangelientext aufhorchen lassen: »Herr, meinst du mit diesem Gleichnis nur uns oder auch all die anderen?«

Innerhalb der Erzählung bei Lukas wird darauf nicht direkt geantwortet. Aber die Verlesung dieses Textes als Wort Gottes, heute, hier und jetzt in dieser Stunde, seine Verkündigung als ‚Evangelium', als ‚Frohbotschaft', als ‚gute Nachricht' – lässt uns gläubig vertrauend antworten: Ja! Ja, auch wir, »all die anderen« sind gemeint.

Wenn aber das Gleichniswort uns gilt, dürfen wir fragen, mehr noch, müssen wir fragen: was sagt es uns, was sagt es uns in der Stunde des Abschieds und was sagt es uns über unsere Verstorbene?

Es sagt uns vor allem anderen: »Seid wachsam«. Das Wort tritt zuerst als Aufforderung an uns heran: Seid wache, hellhörige, feinfühlige Menschen. Seid Menschen in Erwartung! »Seid Menschen gleich, die auf ihren Herrn warten, [...] dass ihr, wenn er kommt und anklopft, ihm sofort öffnen könnt.« Und dann wird uns zugerufen: »Selig, die der Herr wach findet, wenn er kommt«.

Es ist die Wachsamkeit, die den Anlass zum Selig-Ruf bietet, die Wachsamkeit für den Herrn, der in der Gleichniserzählung nicht zuhause ist. Vielmehr wird seine Rückkehr, seine Ankunft erst erwartet. Deshalb werden diejenigen glücklich genannt, die wachsam sind »für sein Kommen«.

Die Wachheit, um deretwillen sie selig genannt werden, gilt nicht zuletzt der Sache des Herrn. Und da die Stunde seines Kommens ungewiss, nicht bekannt ist, gilt es die Zeit des Wartens zu nützen und auszuschöpfen.

So ermutigt uns das Gleichnis zum Einsatz für den Herrn, zur Liebe zu Gott und unseren Nächsten, zum Leben in und für die Gemeinschaft des Gottesvolkes.

»Selig, die […], die der Herr wach findet, wenn er kommt. Amen, ich sage euch: Er wird sich gürten, sie am Tisch Platz nehmen lassen und sie der Reihe nach bedienen.«

Die Aufforderung geht über in eine Seligpreisung, ein Heilswort. Wir dürfen dieses Wort heute, im Blick auf das Leben von N. N., hören und verstehen. Ihr Leben ist zur Vollendung gelangt. Ein Leben, in dem der Einsatz für andere Menschen, die Sorge um sie, ein wesentliches Kennzeichen war. Ein Leben das geprägt, bestimmt, ja manchmal vielleicht auch gezeichnet war von der Sorge um andere: um die eigene Familie, andere Menschen und ihre Anliegen und Nöte.

Dieser Sorge des in der Sprache des Gleichnisses »treuen Knechtes« liegt das tragende Vertrauen zugrunde, dass Gott weiß, was wir brauchen. Deshalb können wir uns ganz seiner Sache hingeben, uns in seinen Dienst nehmen lassen.

Von diesem Vertrauen spricht bekennend, im Rückblick auf ein Leben, auch der 23. Psalm: »Und wandere ich auch im finsteren Tal, ich fürchte mich nicht, denn du bist bei mir,/Dein Stock und dein Stab geben mir Zuversicht./Du deckst mir reichlich den Tisch …«, um dann einzumünden in die Hoffnung, am Ende der Wanderschaft »im Haus des Herrn wohnen zu dürfen für lange Zeit«.

Dieses Vertrauen umfasst ein ganzes Leben: alles, was gelungen ist, aber ebenso alles Ängstigende, alles Erschreckende, alles Bruchstückhafte, ja alles Scheitern eines Menschen, und übereignet es Gott, dem Ursprung und Ziel, dem Vollender des Lebens, der Fülle der Liebe.

In diesem Vertrauen und in der Hoffnung des Glaubens dürfen wir noch einmal über das Leben unserer Verstorbenen das Wort des Evangeliums sprechen: »Amen, ich sage euch: Er wird sich gürten, sie am Tisch Platz nehmen lassen und sie der Reihe nach bedienen.«

Nichts weniger wird uns in dieser Stunde zugesagt, als dass sich diese Verheißung nun im Sterben an N. N. erfüllt hat. Er, der auferstandene Herr, der Erlöser der Welt, hat sie zur Vollendung geführt. Er ist gekommen, um sein Wort einzulösen. Er hat ihr Wohnung gegeben im Haus des Herrn, er hat sie Platz nehmen lassen am Tisch des himmlischen Hochzeitsmahles, an dem er die Seinen selbst bedient.

Fürbitten

- Wir bitten dich für N. N., in Dankbarkeit für alles Gute, das wir durch sie empfangen haben und in der Hoffnung, dass Gott selbst in seinem Erbarmen ihr Leben vollendet.
- Wir bitten dich für alle, die um sie trauern und die sie schmerzlich vermissen werden.
- Wir bitten dich, dass sie Trost finden in der Verheißung des Evangeliums und Menschen, die ihnen beistehen auf dem Weg der Trauer.
- Wir bitten dich für alle Menschen, die sich wie N. N. in besondere Weise um das Wohl anderer mühen. Und bitten wir für alle, die unserer Sorge bedürfen.
- Wir bitten dich für uns selbst und die ganze Kirche, dass wir einander zur Hilfe werden und so zum Zeichen der Sorge Gottes und seines Mühens um unser Heil.

KLAUS M. SCHWEIGGL SJ

Den Wein der Freude erhalten

Schrifttext: Joh 2,1–11

Mögliche Trauersituation: Menschen, deren Lebenshoffnung noch nicht erfüllt war

Ansprache

Eine Hochzeit. Ein Fest des Lebens. Träume sind in Erfüllung gegangen, eine schöne Zukunft steht bevor. Das Paar ist glücklich, es lässt sich feiern. Die Gäste sind es auch.

Doch dann der Abbruch. Das Ende. Der Wein ist alle. »Sie haben keinen Wein mehr.« In einem Lied zu dieser Erzählung heißt es: »Sie haben keinen Wein mehr. Die Krüge ihres Lebens sind leer.« Zu früh sind sie leer geworden. Viel zu früh. Das Fest der Hochzeit war anders geplant und das Leben auch. Es hätte länger dauern sollen, es hätte erfüllter sein können, es hätte …

Doch auf einmal sind die Krüge leer, das Leben ist ausgehaucht. Es ist passiert, es ist nicht mehr zu ändern.

Die sechs steinernen Wasserkrüge, die dort stehen, können nur noch mit Tränen gefüllt werden. Tränen der Trauer. Tränen der Wut. Tränen der Verzweiflung. Tränen der Bitterkeit. Der Krug des Lebens aber bleibt leer. Die Quelle der Hoffnung ist versiegt.

Es ist eine Zumutung miterleben zu müssen, wenn jemand viel zu früh stirbt, wenn jemand gehen muss, dessen Lebenshoffnungen noch nicht (annähernd) erfüllt waren. Es ist eine Zumutung für den, der lange vor der Zeit sterben muss, und für die, die zurückbleiben. Eine himmelschreiende Ungerechtigkeit. Eine … eigentlich fehlen uns die Worte, und manchmal fehlen auch die Gefühle. Alle sind wie gelähmt, erstarrt, fassungslos. Niemals hätte das sein dürfen.

Alle Krüge sind leer. Restlos leer. Da ist kein Tropfen Leben mehr in den Leibern und Herzen. Da ist alles ausgedorrt – das Glas, der Krug und die Kehle.

Nur langsam werden die Tränen die Krüge füllen. Nicht Wein ist es, der die Krüge füllt, sondern Wasser. Tränen. Tränen der Bitterkeit und der Trauer.

Und die, die sie weinen, werden in die Krüge schauen und nur Dunkelheit sehen. Und die Krüge werden immer voller werden, sechs Krüge werden nicht ausreichen für all die Tränen, die geweinten und die ungeweinten.
Und dann sagt Jesus: Füllt die Krüge mit Wasser. Weint. Trauert. Schreit. Werft eure Wut mir entgegen. Ich sammle eure Tränen in Krügen und verwandle sie in Wein.
Und dann sagt Jesus: Kostet und seht. Und sie schmeckten, dass das Wasser zu Wein geworden war.
Es wird lange dauern, bis die Tränen zu Wein werden. Bis an die Seite der Trauer die Dankbarkeit tritt, bis an der Seite des Dunklen neues Licht erscheint, bis neben dem Schmerz die Liebe brennt.
Es wird lange dauern, bis die Tränen zu Wein werden. Aber Gott wird sie sammeln und verwandeln, diese Verheißung gilt.
Und es gibt noch eine Verheißung, das himmlische Hochzeitsmahl, die Feier, bei der der Wein niemals ausgeht.
In der christlichen Tradition ist das Hochzeitsmahl ein Bild für das ewige Leben. Wenn die Auferstandenen um den festlich gedeckten Tisch sitzen und den Wein der Glückseligkeit kosten dürfen. Wenn die, deren Wein im irdischen Leben allzu früh ausging, ganz vorne sitzen dürfen, wo die Freude in Hülle und Fülle fließt, wo sie von Gott nach Strich und Faden mit Liebe und Trost verwöhnt werden.
Wir hoffen darauf, dass die leeren Krüge des Lebens einst wieder gefüllt werden; dass wer im Leben nur noch Essig zu trinken bekam, im Himmel den köstlichsten Wein trinken darf.
Die Hochzeit von Kana ist das erste Zeichen, das Jesus im Johannesevangelium überhaupt tut. Unter diesem Zeichen steht sein ganzes Wirken und Reden. Dieses Wunder von Kana ist sein Programm für die ganze Welt: Am Ende wird das Wasser zu Wein zu werden, am Ende wird alles verwandelt werden.
Am Ende des Lebens steht die Verheißung des ewigen Festes bei Gott, wo alle den Wein der Freude erhalten.
Am Ende der Trauer werden die Tränen der Trauer zu Tränen der Hoffnung werden, werden die Trauernden wieder neuen Geschmack am Leben erhalten.

Fürbitten

Sie haben keinen Wein mehr. Die Krüge ihres Lebens sind leer. Die Hoffnungen sind zerstört. So stehen wir vor dir, Gott, und bitten dich:

- Nimm deine Tochter auf in dein Reich, lass sie Platz nehmen am himmlischen Hochzeitsmahl.
- Vergelte ihr alle Freude, die sie in ihrem Leben geschenkt und empfunden hat und verwandle alles, was noch unversöhnt ist.
- Steh uns bei in der Trauer, sammle unsere Tränen und verwandle sie einst in den Wein der Hoffnung und Dankbarkeit.
- Steh allen Menschen bei, die Trauer tragen, und sei denen nahe, deren Leben in diesen Tagen (jäh) zu Ende geht.

Du allein bist unsere Hoffnung, du bist der Adressat unserer Verzweiflung, du bist der, der uns nahe bleibt, jetzt und in Ewigkeit.

CHRISTIANE BUNDSCHUH-SCHRAMM

Aus dem Brunnen schöpfen – Gestillter Lebensdurst

Schrifttext: Joh 4,5–14

Mögliche Trauersituation: Menschen mit Durst nach Leben

Ansprache

Liebe Angehörigen des Verstorbenen, werte Trauergäste!
Was macht uns Menschen aus? Was prägt uns und unser Menschsein? Sind es unsere Gefühle, unsere Erfolge oder Misserfolge? Sind es die Verletzungen und Narben, die wir erlitten haben? Sind es die Glücksmomente? Sind es unsere Schwächen, die kleinen liebenswerten und die großen, die wir am liebsten nicht wahrhaben möchten? Oder sind es vielleicht die Dinge, die wir begehrt, aber nicht erreicht haben, die Lücken, die wir nicht schließen konnten, und das Verlangen, das nicht gestillt wurde? Alles gehört zu uns Menschen dazu und prägt unser Menschsein. Nicht alles hat das gleiche Gewicht und prägt uns gleich stark. Und doch gehören diese Ereignisse zu unserem Leben dazu.
Die Frau, mit der Jesus am Jakobsbrunnen spricht, war ein Mensch, bei dem das Leben viele Narben hinterlassen hat. Sie gehört zu der von den Juden gering geachteten Minderheit der Samariter. Wenn wir im Evangelium weiterlesen, erfahren wir, dass sie in unsicheren Verhältnissen lebte. Sie war schon oft verheiratet und lebte nun unverheiratet mit einem Mann zusammen. Wie viele Erwartungen in ihrem Leben wohl schon erfüllt und wie viele enttäuscht wurden? Wie oft ihre Gefühle wohl respektiert oder verletzt wurden? Sie ist eine Frau, die vom Leben geprägt ist. Und nun steht sie am Brunnen und holt Wasser, damit ihr Leben für diesen Tag wieder weitergehen kann.
Jesus spricht die Frau an, und so wie das Gespräch verläuft, wird die ganze Situation der Samariterin in ein Bild gebracht, das sich aufgrund der Begegnung an einem Brunnen durchaus anbietet: Die Frau hat Durst. Ihr Durst ist nicht nur körperlich. Den körperlichen Durst kann sie am Brunnen stillen. Ihr Durst ist aber ein Lebensdurst. Jesus bietet ihr an, diesen Durst zu stillen. Er schenkt lebendiges Wasser, das ewiges Leben spendet.

(Hier könnte Bezug auf das Leben der Verstorbenen genommen werden unter dem Blickwinkel: Wo war ihr Lebensdurst?)

Kann es das geben? Wasser, das den Lebensdurst stillt? Wasser, das ewiges Leben spendet? Jesus schenkt uns dieses Wasser. Dieses Wasser ist kein Zaubertrank. Es geht vielmehr um die Würde und die Hoffnung, die uns der Glaube an Jesus zuteilwerden lässt. Diese Würde und diese Hoffnung gelten für unser ganzes Leben und ganz besonders dann, wenn wir sie am meisten benötigen, am Ende unseres Lebens, wenn es daran geht, dass wir unser Leben zurück in Gottes Hände legen.

»Wer aber von dem Wasser trinkt, das ich ihm geben werde, wird niemals mehr Durst haben; Vielmehr wird das Wasser, das ich ihm gebe, in ihm zur sprudelnden Quelle werden, deren Wasser ewiges Leben schenkt.« (Joh 4,14)

Der Glaube an Jesus schenkt Würde und Hoffnung – bis über den Tod hinaus. Der Glaube an Jesus stillt unseren Lebensdurst so sehr, dass selbst der Tod uns nicht daran hindern kann, bei Gott zu leben. Gott ist es, der uns durch und durch kennt. Er kennt uns mit all unseren Unfertigkeiten, mit allen Fehlern, mit unseren Stärken und Schwächen. Und er kennt auch unsere Sehnsüchte, unsere Wünsche, unseren Lebensdurst. Sein lebendiges Wasser stillt unseren Lebensdurst, es schenkt uns ewiges Leben, Leben in Fülle.

Jesus stillt unseren Lebensdurst, selbst wenn unser Leben hier auf der Erde zu Ende geht. Mit dieser christlichen Hoffnung und Zuversicht dürfen wir auch unsere Verstorbene heute zu ihrer letzten Ruhestätte geleiten. Wir wissen: Ihr Lebensdurst ist nun gestillt durch Jesus, der uns lebendiges, Leben spendendes Wasser reicht.

Fürbitten

Selbst im Tod wird Gott uns nicht verlassen. Er schenkt uns Leben in Fülle. In dieser Stunde des Abschieds rufen wir zu Gott.

- Nimm unsere Verstorbene in dein Reich auf. Lass sie vom Wasser des Lebens kosten. Vollende du, was an ihr unvollkommen war und schenke ihr das Leben in Fülle bei dir.
- Lass alle Menschen, die in ihrem Leben nach Sinn und Vollendung suchen, von deinem lebendigen Wasser kosten.

- Wenn wir selbst einmal vor dich treten müssen, dann stille du unseren Lebensdurst und nimm uns in dein Reich auf.
- Lass alle Menschen, die von dir nichts wissen wollen, den Weg zur Leben spendenden Quelle finden, die du selbst bist.
- Schenke allen unseren Verstorbenen die Erfüllung ihrer Hoffnung in deinem Reich.

Guter Gott, du Gott des Lebens. Lass uns immer wieder auf dich vertrauen. Gib uns immer wieder den Mut, uns zu dir zu bekennen und uns dir zuzuwenden. Mache unseren Glauben stark und zu einer Quelle, die nie versiegt. So bitten wir durch Christus, unseren Herrn.

STEFAN LEPRE

Mit Brot vom Himmel gesättigt werden

. . . .

Schrifttext: Joh 6,27–35

Mögliche Trauersituation: Menschen, deren Lebenskraft versiegte

Ansprache

Liebe Trauergemeinde,
Wir haben es gehört: Jesus bezeichnet sich selbst als das Brot des Lebens. Dies ist das erste der »Ich bin«-Worte des Johannes-Evangeliums. Jesus macht hier deutlich: Er selbst ist das Lebens-Mittel, er ist zum Leben absolut notwendig. Nur mit ihm können wir überleben. Natürlich denken wir an das eucharistische Brot, mit dem wir den Leib Christi miteinander teilen. Aber das kommt ja in der Bibel erst beim letzten Abendmahl, wenn Jesus als Abschied seine Einsetzungsworte spricht, um deutlich zu machen, dass er immer bei uns sein will. Wenn Jesus hier davon spricht, dass er das Brot des Lebens ist, so bezieht er sich auf das Manna, das vom Himmel kam, um das Volk Israel vor dem Hungertod zu retten. Jesus sagt ganz ausdrücklich, dass dies keine Rettungsaktion eines Menschen, nämlich des Mose, war, sondern dass sie von Gott kam. Und so ist er jetzt gesandt, um sich selbst der Welt zum Heil anzubieten. Welch ein Anspruch! Und seine Zuhörer kapieren es nicht gleich, indem sie ständig nach diesem Brot verlangen. Jesus stellt klar: »Wer zu mir kommt, wird nie mehr hungern.« Und er fügt gleich noch hinzu, dass er auch für das andere absolut notwendige Lebensmittel, nämlich Wasser, steht: »Wer an mich glaubt, wird nie mehr Durst haben«, wie er es auch schon der Frau am Jakobsbrunnen deutlich zu machen versuchte. Der Weg zum Leben, und das heißt hier zum ewigen Leben, zum Heil, zum Leben bei Gott, führt ausschließlich über ihn. Es ist im Grunde ganz einfach. Jesus sagt: »Kommt zu mir, folgt mir nach, glaubt an mich, dann werdet ihr das ewige Leben erlangen.«
Liebe Trauergemeinde, wir erleben es auch immer wieder, dass im Laufe eines Lebens auch bei sehr tatkräftigen Menschen die Lebenskraft versiegt. »Burnout« heißt das in einem modernen Begriff, der heutzutage oft gebraucht wird. Der »Burnout« wurde bereits zur »Volkskrankheit« erklärt. Plötzlich ist Schluss mit der Energie, dem Willen, kräftig tätig zu sein, im-

mer auf dem Posten, beruflich, oder im privaten Bereich. Der Verstorbene war im Beruf erfolgreich, ist die Karriereleiter ein Stück hinaufgeklettert und war auch in der Familie der eigentliche Antrieb. Unermüdlich war er immer für alle da, sprang immer ein, wenn Not am Mann war, auch weit über die beruflichen Pflichten hinaus. Daheim war er es, der die Familie in Schwung hielt, immer Ansprechpartner für die eigene Familie, aber auch für Freunde und Nachbarn war. Und dann war plötzlich Schluss: Er verlor scheinbar das Interesse an seiner Umwelt, konnte sich nur schwer aufraffen, irgendetwas zu unternehmen, saß meistens in Gedanken versunken da und antwortete nur noch einsilbig.

(Hier können die persönlichen Daten des Verstorbenen eingefügt werden.)

Liebe Trauergemeinde, es war letztlich Jesus Christus, das Brot vom Himmel, das unseren Verstorbenen am Leben erhalten hat. Je mehr die eigentliche Umgebung aus der Sicht des Verstorbenen sich entfernt hat, je mehr er immer blasser und leiser wurde, desto mehr kam die geistige und geistliche Nahrung von Jesus Christus. Unser Verstorbener hatte erkannt, worauf es in seinem Leben ankam: der Bezug zu Jesus Christus wurde zum Dreh- und Angelpunkt seines Lebens. Jetzt noch tätige Nächstenliebe zu praktizieren, das war nicht mehr möglich. Dies war in der früheren, aktiven Phase seines Lebens schon in überreichem Maße geschehen. Die letzte Phase seines Lebens gehörte nun ganz der Hingabe an Jesus Christus. N. N. mühte sich nun nicht mehr für die Speise ab, die verdirbt, sondern für die Speise, die für das ewige Leben bleibt, wie es das Evangelium ausdrückt. Er war auf dem Weg, den Jesus aufgezeigt hatte, nämlich durch ihn, durch den Glauben an ihn, zur ewigen Seligkeit zu gelangen. Es war dieses Brot, das ihn letztlich auch noch in diesen schweren Jahren durchhalten ließ. N. N. hatte ein Ziel vor Augen, ein Ziel, das ihn voll erfüllte. Und so können wir sagen, dass N. N. im ganzen Leben schon viel erreicht hatte: Erst für andere Menschen dazusein und damit das Gebot der Nächstenliebe durch sein Leben zu erfüllen. Und dann, in der späten Phase, sich ganz an Jesus hinzugeben und sich auf das ewige Leben vorzubereiten.

Hier liegt unser Trost: N. hat erreicht, was er in seinem Leben angestrebt hatte. So gesehen, kann er für uns zum Vorbild werden. Vielleicht können wir von ihm lernen, dass wir uns etwas weniger um unser Tagesgeschäft kümmern sollten. Gleichzeitig jedoch sollten wir unseren Bezug zu Jesus Christus nie aus den Augen verlieren. Es sollte uns klar sein, was der wichtigere Teil des Lebens ist, nämlich sich um *die* Speise zu sorgen, die nicht verdirbt und die uns das ewige Leben beschert.

Fürbitten

Herr Jesus Christus, du selbst bist unser Lebens-Mittel, ohne das wir nicht leben können. Wir wenden uns mit unseren Bitten vertrauensvoll an dich:

- Wir bitten dich für N. N., der nun bei dir ist. Gib ihm einen Platz an deiner Seite.
- Wir bitten dich für die Angehörigen von N. N. Lass sie Kraft und Trost schöpfen durch deine Hingabe als Brot des Lebens.
- Wir bitten dich für alle Menschen, deren Lebenskraft versiegt ist. Gib ihnen Menschen, die ihnen zeigen können, wie sie im Glauben an dich Kraft und Hilfe erlangen können.
- Wir bitten dich für die haupt- und ehrenamtlichen Helfer, die sich der Menschen mit psychischen Problemen annehmen. Gib ihnen Kraft und Sachverstand dazu.
- Wir bitten dich um unsere Verstorbenen. Lass sie in deinem Reich deine Herrlichkeit sehen.

Herr Jesus Christus, du bist für uns das wahre Brot und das wahre Wasser des Lebens, das allein sättigt und unserem Durst stillt. Bleibe immer bei uns in allen Phasen unseres Lebens.

WOLFGANG DOERING

Durch die Tür ins Leben gehen

Schrifttext: Joh 10,1–10

Mögliche Trauersituation: Menschen mit langem Todeskampf

Ansprache

Liebe Trauernde,
mal werden Türen stürmisch aufgerissen, mal sachte geöffnet. Wer lange in einem Krankenbett lag, der kann viel über Türen und die Art und Weise, wie sie geöffnet werden, erzählen. Oft kann er allein am Geräusch erraten, wer gerade das Zimmer betritt: der forsche Arzt, der stets in Eile ist, die zurückhaltende Putzfrau, die niemanden wecken möchte, die fröhliche Krankenschwester, die mit einem lauten »Wie geht´s?« ins Zimmer stürmt, oder der unsichere Besucher, der nicht weiß, wie er sich dem Kranken gegenüber verhalten soll.

Für einen Schwerkranken ist die Tür seines Zimmers oft die einzige Verbindung zur Welt. Über die Tür wird er versorgt und bekommt Besuche. Die Türe ist aber oft auch eine Trennlinie zwischen der Welt des Kranken und der Welt seiner Angehörigen und Freunde. »Wie mag es ihm heute gehen?«, fragt sich der Besucher, bevor er die Klinke drückt. Vielleicht wird auch ein Stoßgebet zum Himmel geschickt: »Herr, lass diese Begegnung gut gelingen!«.

An der Türe wird dem Besucher manchmal seine ganze Ohnmacht erst so richtig bewusst: »Da liegt N. N. in seinem Bett und ich kann nichts mehr für ihn tun. Ich merke, dass er Schmerzen hat, kann sie ihm aber nicht lindern. Ich spüre, dass er sich bisweilen den erlösenden Tod herbeisehnt, kann aber nur meine Hilflosigkeit mit ihm teilen. Und manchmal ist sogar er es, der mich tröstet, statt umgekehrt.«

Am Bett eines Sterbenden fühlen wir uns einer bedrohlichen Macht ausgeliefert. Wir können nicht mehr steuern und regeln, sondern können nur warten und ausharren. Aber aus christlicher Sicht sind wir gerade in dieser Situation nicht allein. Jesus selbst hat diese Ohnmacht am Kreuz erlitten. Seine Hände waren am Kreuz gebunden. Hilfloser kann ein Mensch nicht sein als gefesselt und angenagelt, dem Spott und Hohn der Mitmenschen ausgesetzt. Weil er die Ohnmacht am eigenen Leib erfahren hat, dürfen wir darauf vertrauen, dass Jesus Christus uns dann, wenn Krankheit und Sterben unser Leben verdunkeln, besonders gegenwärtig ist. Er teilt mit uns unsere Ohnmacht. Das ist seine Verheißung, sein Versprechen, das er uns gegeben hat.

Diese Nähe und Verbundenheit findet sich in dem Bibelwort, das wir vorhin gehört haben. Jesus vergleicht sich mit einer Tür, indem er sagt: »Ich bin die Tür; wer durch mich hineingeht, wird gerettet werden.« Wer lange aufgrund von Krankheit in einem Zimmer ausharren musste, weiß den Wert einer Türe am besten zu schätzen. Oft genug hat er sich vielleicht gewünscht, wieder aufrecht und gesund durch die Tür seines Krankenzimmers hinauszugehen, wieder ins Leben zurück. Dieser Wunsch wurde N. N. verwehrt. Aber ich hoffe, dass für ihn das Jesuswort in Erfüllung gegangen ist und dass er seine Tür ins Leben gefunden hat, erlöst von seinen Schmerzen, befreit von seinem Leiden.

Und was befindet sich hinter dieser Tür? Manche gehen davon aus, dass mit dem Durchschreiten der letzten Tür alles aus ist, manche glauben an eine Wiederkehr und den ewigen Kreislauf der Natur, manche erhoffen sich eine neue, bessere Welt. Letztendlich wissen wir es nicht. Die Bibel spricht in verschiedenen Bildern von dem, was uns noch erwartet: ein himmlisches Hochzeitsmahl, ein Paradies, eine neue Schöpfung. Ich denke, es kommt auch gar nicht so sehr darauf an, *was* uns erwartet, sondern *wer*. Wenn Jesus sagt: »Ich bin die Tür«, und er uns einlädt, durch diese Tür zu gehen, dann geht es um eine Beziehung. Jesus vergleicht sich mit einer Tür, weil er mit uns in Beziehung treten möchte.

Der Tod kann uns vieles nehmen, aber kann uns nicht das rauben, was geschehen ist, unsere Begegnungen, unsere Gespräche, unsere Berührungen. Die Beziehung, die wir zu einem Menschen hatten, wird durch den Tod nicht zerstört, nur verändert. Und weil Christus sich in diese Beziehung einbinden lässt, erhält das, was uns mit dem Verstorbenen verbindet, eine neue Intensität. »Ich bin gekommen, damit sie das Leben in Fülle haben.« (Vgl. Joh 10,10)

Diese Verheißung kann Sie über das hinweg trösten, was Sie zusammen mit N. N. in den vergangenen Wochen und Monaten durchgestanden haben an Schmerzen, Ohnmacht und Seelennot. Vielleicht haben Sie aber auch schon in dieser Zeit etwas von der heilenden Kraft der Nähe gespürt, die dort wachsen kann, wo Menschen sich begegnen und miteinander aushalten, was das Leben zumutet. Leben in Fülle bedeutet für mich Leben in Beziehung. Ich wünsche Ihnen, dass die Tür, durch die N. N. nun gegangen ist, nicht das Ende, sondern der Beginn einer neuen Beziehung ist. Der Segen Gottes schenke Ihnen und N. N. das Leben in Fülle, das Zeiten und Grenzen überwindet, und dem der Tod nichts mehr anhaben kann.

Fürbitten

Jesus Christus ist für uns gestorben, damit wir mit ihm auferstehen. Zu ihm rufen wir:

- Du bist die Tür zum Leben. Nimm N. N., um den wir trauern, in dein Reich auf, wo es keine Schmerzen und kein Leid mehr gibt und schenke ihm deinen Frieden.

A.: *Wir bitten dich, erhöre uns.*

- Du bist das Licht der Welt. Leuchte hinein in die Dunkelheit unseres Lebens und schenke uns die Kraft uns gegenseitig zu trösten und zu stärken.
- Du bist die Vergebung und der Friede. Heile dort, wo Verwundungen sind, und vergib, wo wir einander Unrecht getan haben. Schenke uns Versöhnung und gib uns deinen Frieden.
- Du bist die Liebe, die uns leben lässt. Halte uns in der Liebe über den Tod hinaus zusammen und stärke in uns den Glauben, dass wir alle am Ende unserer Tage wieder bei dir vereint sind.

Gott, unser Vater, dein Sohn ist gekommen, damit wir das Leben haben, Leben in Fülle, hier und jetzt, aber auch im Angesicht des Todes. Für diese Verheißung danken wir dir, heute und immer.

Gebet zum Abschluss

Guter Gott,
wenn das Dunkel der Nacht mich umgibt,
tröste mich!
Wenn meine Wege sich im Gewirr unserer Zeit verlaufen,
leite mich!
Wenn Angst und Schwermut mich niederdrücken,
richte mich auf.

Denn ohne dich bin ich schwach, verführbar und wankelmütig.
Mit dir bin ich stark.
Du bist mein Retter!
Du zeigst mir, wie ich in dieser Welt bestehen kann.

Ohne dich fühle ich mich leer und ausgelaugt.
Doch bei dir finde ich eine Quelle, die mir neues Leben schenkt.
Du machst meine Augen wieder klar und meinen Blick weit.
Mitten in der Welt entdecke ich Zeichen deiner Liebe.
Dafür danke ich dir.

(nach Jes 12)

THOMAS KLEINE

Die Stimme des guten Hirten hören

Schrifttext: Joh 10,14–16

Mögliche Trauersituation: Menschen, die treu geglaubt haben

Ansprache

Sicher sind Ihnen Bilder aus der Zeit der so genannten Nazarener (im 19. Jahrhundert) bekannt, die vor allem noch im ländlichen Raum in Wohnungen hängen: Der gute Hirte, der eines der Schafe auf seinen Schultern trägt, oder der gute Hirt, der dem verlorenen Schaf nachgeht. Heute sind solche Bilder geradezu modern und finden wieder Verwendung, wenn auch oft in ganz anderen Kontexten. Wie auf diesen Bildern, so stellen wir uns das Hirtenleben vor, ein Leben in der Natur, ein Leben auch in Stille und Einsamkeit, ein friedliches und harmonisches Zusammengehörigkeitsgefühl, welches auch für Verlässlichkeit steht.

Wenn wir uns heute von einem lieben Menschen verabschieden, von einem Menschen, in dessen Leben auch Verlässlichkeit und Treue eine große Rolle gespielt haben, dann ist das, was wir im Evangelium vom guten Hirten gehört haben, wohl sehr passend: »Ich kenne die Meinen und die Meinen kennen mich, wie mich der Vater kennt und ich den Vater kenne; und ich gebe mein Leben hin für die Schafe.« Der gute Hirt gibt sein Leben als Hirt, er gibt es, um die Schafe zu führen, um sie zur Erfüllung des Lebens zu führen. Jesus kennt den Vater und indem er den Vater kennt, kennt er die Seinen, da er ihr Lebensziel und ihren Lebenssinn kennt. So kann er sein Leben hingeben, um die Seinen zum Vater zu führen. Indem er ganz auf den Vater ausgerichtet ist und den Vater liebt, gibt Jesus seinen Schafen, die er zu führen hat, die ständige und letzte Richtung seines Herzens vor. Durch die Taufe sind wir in Jesu Heilszusage und Hirtensorge hineingenommen worden, wir haben seine Stimme auch immer wieder vernommen durch verschiedene Autoritäten auf unserem Lebensweg wie das Elternhaus oder die Schule, die Ausbildungsstätten, in denen wir gelernt haben. Auch durch viele andere Bekannten und Nachbarn, Freunde und Menschen, denen wir begegnet sind, durften wir auf unserem Lebensweg immer wieder diese Stimme Jesu hören.

Unsere liebe Verstorbene hat die Stimme des guten Hirten auf vielfältige Weise in ihrem Leben gehört und angenommen. Sie hat sich immer wieder ausgerichtet auf diese Worte des Herrn hin und hat das Hören der Verkündigung in ihrem Leben aufleuchten lassen, als glaubender Mensch, der ganz konkret der Gemeinschaft der Kirche verbunden war mit dem einen Hirten Jesus Christus. Sie hat mitgeholfen an der Einheit ihrer Kirche, sie hat darauf vertraut, dass immer mehr die Herde zu einer Herde wurde, die sich um den einen Hirten schart.

Dieses Erkennen und diese Liebe waren bei unserer Verstorbenen sehr ausgeprägt, so dass sie auch immer wieder auf andere Menschen zugegangen ist und diese Liebe Gottes zu den Seinen ausgestrahlt hat. Sicher, zu dem idealen Hirtenbild gibt es auch das andere, das wenig romantischere, die oftmals raue Wirklichkeit. Das Leben eines Hirten war und ist karg und nicht selten hart. Die Erstverkündigung des Evangeliums an die Hirten auf dem Felde ist ja ein Hinweis darauf, dass die frohe Botschaft vor allem Menschen in Not und Beschwernis gilt. Und wir wissen auch, dass das Hirtenamt von denjenigen, die sich als politische und geistige Leit- und Hirtengestalten verstanden haben, oft enttäuschend gelebt wurde und nicht selten vom Eigennutzen und der Selbstsucht bestimmt war. Ein ganzes Kapitel im Ezechiel-Buch handelt von den schlechten und im Gegensatz dazu guten Hirten, die das messianische Reich aufbauen. Auch im Leben der Kirche war und ist das friedliche Bild des Hirten und seiner Herde oft mehr Wunschgedanke als Wirklichkeit. So ist das Evangelium im Blick auf die Hirtenromantik recht realistisch: Die Hirten gehören zu den Beladenen, so dass, wie es der erste Petrusbrief sagt, alle, die wie Christus selbst leiden müssen, heimkehren können zum »Hirten und Bischof der Seelen« (1 Petr 2,25). Als guter Hirt weiß er um die Nöte und spricht Heilung zu. Wir kennen auch alle das andere, dass nämlich das Wohl der Herde zum eigenen Nutzen umgebogen wird, dass sich manche als Herr und Eigner der Herde betrachten und so zum »Dieb und Räuber« an der Herde werden.

Es bedarf immer wieder der Besinnung und der Neuorientierung auf das, was Hirtentum meint: nämlich, dass es nur einen Zugang zur Herde gibt, nur einen Hirten, den Herrn selbst. Er ist die »Tür zu den Schafen«, er ist die Tür, die Eintritt gewährt zum Leben, zu einem Leben in Fülle.

In den Evangelien erzählt Jesus dreimal von Personen, die etwas verloren haben: Der Hirte ein Schaf, die Frau eine Drachme, der Vater seine beiden

Söhne. Ein Teil der Sorge Gottes um den Menschen ist es, dass er Verlorenem nachgeht, dass das Verlorene gesucht wird. Und wenn es gefunden wurde, bricht große Freude aus und es wird ein Fest gefeiert. So wie wir im achten Psalm lesen können, denkt Gott an die Menschen, er ist des »Menschleins« eingedenk. Unser Wert vor Gott hängt nicht von irgendeiner Leistung ab, wir können, so die biblischen Erzählungen, als »Verlorene« vor Gott mit keiner Leistung aufwarten. Gott geht dem Verlorenen nach – sicher hat das auch unsere Verstorbene als glaubender Mensch immer wieder getan. Sie hat niemanden verloren gegeben, sie hat selbst den guten Hirten verkörpert, durch ihre Stimme wurde die Stimme des einen Hirten erfahrbar und hörbar.

Unser Evangelium bringt dies klar zum Ausdruck: Wer durch Christus eintritt in das Leben, der wird nicht von Gott ausgeschlossen, sondern wird »ein- und-ausgehen« und wird gerettet. Wer durch Christus ins Leben eintritt, hungert und dürstet nicht mehr, sondern er wird »Weide finden«. Es geht nicht um Herrschaft, sondern um Teilhabe am österlichen Leben: Wer durch die Tür eintritt, die Christus ist, unterstellt sich nicht zuerst seiner Leitführung, sondern er erhält Anteil am neuen, am österlichen Sieg. An diesem Sieg darf nun unsere Verstorbene teilhaben, mit all dem, was sie ausgemacht hat, auch mit all dem, wo vielleicht die Stimme des einen Hirten nicht recht verstanden wurde oder unerhört blieb.

In unserem Leben, liebe Trauergemeinde, geht es nicht um Romantik und Idealbilder: Ob das Hirtenbild eine bloße Illusion ist oder wirklich Hoffnung schenkt, das bleibt ein wichtiger Prüfstein für unser Tun und unsere Absichten im kirchlichen Alltag. Der Evangelist Johannes warnt vor zu schnellen Verklärungen, die Verse des Evangeliums entzaubern so manche Anmaßungen, so manchen Missbrauch in der Rede vom Hirten und seiner Herde. Und doch entwirft Johannes eine großartige Szenerie, die alle romantischen Schilderungen in den Schatten stellt. Wo Christus ganz in den Mittelpunkt gestellt wird, wo er von uns gesucht wird, wo wir unser Leben ausrichten auf ihn hin, da öffnet sich die Tür, die Tür zum Leben, da wird aber auch jeder Dienst zur Mitarbeit an dem Werk und der Sendung des Herrn. Dies ist die Botschaft auch unserer Verstorbenen, dass wir immer wieder die Stimme des einen guten Hirten in unserem Leben hören und vernehmen und dass diese Stimme Orientierung ist und bleibt für unser Leben.

Fürbitten

»Hirte sein« heißt: Für andere leben, arbeiten, mit anderen mitleiden, dem Leben dienen, der Wahrheit und der Einheit. Wir kommen zum Herrn, dem ewigen Hirten, und bitten ihn voll Vertrauen:

- Wir beten für alle, die sich wie unsere Verstorbene dem guten Hirten Jesus Christus immer wieder anvertraut haben und sich ihm anvertrauen; für alle, die viel Kraft aus dem Glauben für ihr Leben schöpfen.
- Wir beten für alle, die sich schwer tun, die Stimme des Hirten zu hören; für alle, die sich von der Kirche entfremdet haben, die oft keine religiösen Ansprechpartner mehr haben.
- Wir beten für alle, die in verschiedenen Diensten in Kranken-, Alten- und Behindertenarbeit Hirte sind für die ihnen Anvertrauten; für alle pflegenden Angehörigen, für die, die mit der Pflege an ihre Grenzen stoßen.
- Wir beten für alle Verstorbenen, die sich der Hirtensorge Christi in ihrem Leben verschrieben haben, die sich ganz auf den Herrn verlassen haben und die wir nun bei ihm geborgen wissen.

Herr und Gott, du weißt, was wir nötig haben, du kennst die Deinen und bleibst ihnen nahe. Höre und erhöre unsere Bitten jetzt bis hinein in die Ewigkeit.

VALENTIN ZIEGLER OSB

Wie das Weizenkorn sterben und leben

Schrifttext: Joh 12,23–26

Mögliche Trauersituation: Menschen, die bewusst losgelassen haben

Ansprache

»Meine Stunde ist gekommen«, sagt Jesus im Evangelium. Ein bedeutungsvoller Satz.

Welche Stunde? Die Stunde seiner letzten öffentlichen Rede, die Stunde des Abschieds, die Stunde seiner Verherrlichung, die Stunde des Todes, des Heimgangs zu seinem Vater. Und einige Verse weiter im Evangelium heißt es: »er ist erschüttert«. Auch Sie wussten, dass die Stunde des Abschieds von ihrer geliebten Frau, Mutter, Schwiegermutter kommen wird. Und sie selbst wusste es auch. Eine schwierige Situation.

Jesus greift zu einem Bild und vergleicht sein Leben mit dem eines Weizenkorns. Dies war bereits im antiken jüdischen Denken ein Bild für den Auferstehungsglauben. Ebenso war für den Menschen der Antike der Vorgang von Aussaat und Wachstum nicht etwas naturwissenschaftlich Erklärbares, sondern etwas Wunderbares. Das Weizenkorn muss sterben, es gibt sein Leben hin, damit es reiche Frucht bringen kann. Im Durchgang durch den Tod entsteht neues Leben. Jesu Tod ist der Tod, aus dem alle Frucht kommt, das Heil für die Welt, ewiges Leben. Durch sein Sterben ist der Tod gestorben. Er ist nicht mehr absolutes Ende, sondern Tor zu einem neuen Leben. Jesus weiß, was ihm bevorsteht. Er sagt Ja zu seinem schweren Gang ans Kreuz und richtet seinen Blick auf das, was danach kommt. Doch es war auch für ihn nicht einfach; war er doch ganz Mensch wie wir.

Jesus ruft uns zur Nachfolge auf. An Jesus Christus glauben, bedeutet seinen Weg, also den Weg des Kreuzes mitzugehen. Er lebte in einer Haltung des Loslassens, der Entäußerung seiner selbst, in einem radikalen Vertrauen auf seinen Vater. Er verspricht seinen Jüngern: Wo ich bin, dort wird auch mein Diener sein und der Vater wird ihn ehren.

Unsere Verstorbene hat in dieser Nachfolge gelebt. Als Mutter hatte sie gewiss viele Weizenkorn-Erfahrungen in ihrem Leben.

Wie oft ist da ein Verzicht auf eigene Ansprüche gefordert um der Kinder, der Familie willen – ein Akt der Hingabe, der für andere fruchtbar wird. Sie hat ihr Leben nicht für sich allein gelebt, sondern wurde zum Segen für die Familie. Die letzten Monate haben ihr noch viel abverlangt. Doch sie ist ihren Weg bewusst gegangen und konnte loslassen. Im Vertrauen auf Gottes Führung hat sie Ja gesagt zu ihrer Krankheit und hat sich auf ihr Sterben vorbereitet.
Sie müssen heute nochmals Abschied nehmen. Der Gedanke, dass im Tod Leben sein könnte, ist uns in der Trauer oft fern, zu sehr schmerzt uns der Verlust eines geliebten Menschen.
Doch wir müssen nicht trauern wie Menschen, die keine Hoffnung haben. Wir dürfen Abschied nehmen in der Gewissheit, dass Jesus Christus unserer Verstorbenen entgegenkommt und an ihr sein Versprechen wahr machen wird: Wer mir dient, wird auch dort sein, wo ich bin. Jesus Christus ist uns vorausgegangen durch Leiden und Tod hindurch zur Auferstehung in ein neues Leben, wie das Weizenkorn. Er ist gestorben zu unserem Heil. Er wird auch ihr neues, ewiges Leben schenken. Das soll unser Trost und unsere Hoffnung sein.
So wollen auch wir in dieser Stunde loslassen und sie voll Liebe und Dankbarkeit zurückgeben in Gottes Hände, in die Hände ihres Schöpfers.

Fürbitten

Wir beten zu Jesus Christus, der sein Leben hingegeben hat für uns alle, um uns das Tor zum ewigen Leben zu öffnen. Wir bitten dich:

- Für alle Verstorbenen und heute besonders für N. N.; dass du ihnen Geborgenheit und Freude schenken mögest in der ewigen Heimat bei dir.

V./A.: Christus höre uns!/Christus, erhöre uns!

- Für die Angehörigen und alle, die um unsere Verstorbene trauern; dass sie getröstet werden durch die Hoffnung auf ein Wiedersehen bei dir und dass sie mit deiner Kraft ihren Alltag bestehen können.
- Für alle, die dem Tode nahe sind: hilf ihnen loszulassen und sich dir anzuvertrauen.
- Für alle, die nach einem Sinn in ihrem Leben suchen; dass sie Orientierung und Halt finden in der Botschaft des Evangeliums.

Jesus Christus, du bist unsere Hoffnung. Du bist die Auferstehung und das Leben. Durch deine Liebe werden wir gehalten in all unserem Schmerz. Dafür danken wir dir.

Mögliche Lieder für ein Requiem

GL 620 »Das Weizenkorn muss sterben«

GL 183 »Wer leben will wie Gott auf dieser Erde«

ELISABETH BEYER

Im Haus des Vaters Wohnung nehmen

. . . .

Schrifttext: Joh 14,1–11

Mögliche Trauersituation: Menschen, die durch das Sterben beunruhigt wurden

Ansprache

Was ist das – Sterben? Selbst wer Sterbende begleitet, antwortet zögerlich, zurückhaltend. Die Grundfrage unseres menschlichen Lebens ist angesprochen. Niemand gibt eine befriedigende Antwort. Also vertagen auf morgen oder den Nimmerleinstag? Jeder Abschied von Menschen meiner Umgebung erinnert mich an mein eigenes Ende. Einstellungen und Lebenshaltungen angesichts des Todes gibt es viele. Sind Reaktionen wie Apathie, Resignation oder »Stimmenthaltung« der Würde des Menschen gemäß? Hat der Agnostiker angesichts der Welträtsel und Letztfragen die besseren Karten? Man kann sich auch auf das »Sein zum Tod« eine Antwort geben lassen. Warum nicht von dem, dessen Tod durch Gott beantwortet worden ist: Jesus Christus? Er will, dass auch wir nicht im Tod bleiben.

SCHRIFTLESUNG: Joh 14,1–11

Die Frage des Philippus, eines Jüngers Jesu, ist sympathisch: »Herr, zeige uns den Vater, und es genügt uns.« Anscheinend war die Antwort Jesu auf die Grundfrage nach unserer Bleibe auch dem Jüngerkreis nicht eindeutig genug.

WOHNEN – UNBEHAUST

Wir sind Weltbürger, oft international verflochten. Wir können untereinander geschäftlich, touristisch, persönlich und medial kommunizieren. Wir sind mehr oder weniger überall zu Hause, legen aber doch Wert auf Heimat, Freunde, Liebe, Familie. Die vier Wände unserer Wohnungen sind Orte vielfältiger Beziehungen. Sie sagen mehr über die Qualität und die Fülle menschlichen Lebens. Wo immer wir leben, wollen wir Schutz und Sicherheit. Die aber gibt es nur bedingt. Zu viele offene Flanken haben

Leben, Alltag und Zeitläufte. Leben verunsichert und verwundet. Es ist gefährlich und tödlich. »Mitten im Leben sind wir vom Tod umfangen«, bemerkt Martin Luther. »Unbehaust« ist der Mensch, sagt die säkulare Sprache.

Diesen »Zustand« des Menschen greift Jesus in unserem Abschnitt aus dem Johannesevangelium auf. Der schöpferische Atem Gottes soll die Bewohner vor dem Erstickungstod retten.

Die Wohnstatt – bereitet

Es hat schon etwas für sich, wenn alles hergerichtet ist: Das Neugeborene liegt in der kuschelig hergerichteten Wiege; das Hochzeitspaar zieht in die gemeinsame Wohnung; den Feriengast erwartet das komfortable Hotelzimmer. Menschen sind gespannt, wenn sie auf ein Ziel zugehen können. Ankommen können wir nur, wenn wir den Weg unter die Füße nehmen. Wir sind noch unterwegs. Unsere Verstorbenen sind angekommen. Wir erinnern uns in dieser Stunde des Abschieds an Gemeinsamkeiten, die wir in Freude und Leid miteinander geteilt haben.

Niemand kommt unmittelbar zu Gott. Ereignisse, Orte und Daten kennzeichnen unseren Lebensweg. Deren Summe ist unsere Biographie. Auch Jesus ist dieser menschliche Lebensweg nicht erspart geblieben. Aus dem Herzen des Vaters kommend ging er seinen Weg durch diese Weltzeit – uns als seine Jünger mitnehmend. Denn ohne ihn können wir Gott nicht finden. Jesus redet von Gott im Bild der »ewigen Wohnungen«: Inbegriff der Geborgenheit. Endlich sind wir zu Hause. Wir sollen allerdings bedenken, dass der Weg, den Jesus geht, nur über Kreuz und Auferweckung zum Vater führt. Es ist der Weg der Nachfolge in Glaube und Liebe. Durch die Taufe sind wir eine Art »Schicksalsgemeinschaft« eingegangen. Die Frage des anderen Jüngers, Thomas, drängt sich auf: »Ist das tatsächlich der Weg, den wir gehen müssen?«

Noch nicht da

Noch leben wir in dieser Weltzeit, die unsere Heimgegangenen hinter sich haben. Das gemeinsame Ziel bleibt: »Unsere Heimat ist der Himmel« (Phil 3,17), sagt deshalb Paulus. Er vergleicht unser irdisches Leben mit einem Zelt, das abgebrochen wird. »Dann haben wir eine Wohnung von Gott, ein nicht von Menschenhand errichtetes ewiges Haus im Himmel.« (1 Kor 5,1)

Anscheinend lohnt sich der Tausch vom Provisorium ins Bleibende. Zumal dann, wenn dieses gegenwärtige Leben von Paulus charakterisiert wird mit den schweren Worten: »Seufzen«, »bedrücken«, »herzlos«, »böse«, »sterblich« (2 Kor 5,1ff.). Paulus würde am liebsten »auswandern«, um möglichst rasch bei Gott zu sein. So eine ungestüme Sehnsucht beflügelt uns (noch) nicht. Aber es gibt Augenblicke und Tage, da wir einfach unter Welt und Leben leiden, weil Leben eine Last ist und die Tage böse sind. Und niemand ist da, der die Zeitläufte zu ändern vermag. Leben ohne Ausblick ist der Tod. Eine Wohnung ohne Fenster will niemand bewohnen. Ein Wohnungstausch ist möglich: Jesus bietet ihn an. Deshalb ist er vorausgegangen, um uns eine Bleibe zu schaffen.

Abgeholt – empfangen werden

Eine Bestattung ist die Feier der Heimholung. Jesus kommt und holt uns ab. Weil wir von Gott geschaffen sind, empfängt er uns als Glieder und Teilhaber seiner Schöpfung, die nicht im Tod bleiben soll. Die Grundhaltung Gottes wird offenkundig: Im Tod ist das Leben.

Fürbitten

Gott, der du uns eine Bleibe bei dir anbietest, wir bitten dich:

- Für alle, die heute Angehörige, Bekannte und Freunde Gott übergeben und trauern.
- Für alle, die Sterbende auf ihrem Weg zur Vollendung begleiten.
- Für alle, die als Ärzte, Schwestern und Pfleger heilen helfen.
- Für alle, die Vereinsamte besuchen und Verzweifelte aushalten.
- Für alle, die Namenlose auf dem Weg zum Grab begleiten.

Gott, in dir allein ist Hoffnung durch deinen auferstandenen Sohn, Jesus Christus. Mit dem Heiligen Geist loben wir dich und danken heute und allezeit.

HERIBERT FEIFEL

Am Weinstock bleiben

Schrifttext: Joh 15,1–5.7–8

Mögliche Trauersituation: Menschen, die auf Gott vertraut haben

Ansprache

Angesichts des Todes eines lieben Menschen, der auf Gott in seinem ganzen Leben vertraut hat, fragen wir: Was macht dieses Vertrauen aus, wo kommt es her, aus welchen Lebenserfahrungen oder Glaubensquellen ist es erwachsen?

Jede Lebensgeschichte eines Menschen hat ihre Höhen und Tiefen, Schatten und Licht. Sie bestärkt und ermutigt, zeigt Grenzen und stellt Fragen. Woher nimmt sie da bei allem Auf und Ab ihr Vertrauen, an ein gutes Ziel zu kommen, in eine ewige Heimat?
Vertrauen in das Leben mit all seinen Unwägbarkeiten wächst dort, wo ich mich auf einen Partner oder Freund absolut verlassen kann. Solches Vertrauen schöpfe ich aus liebevollen oder freundschaftlichen Gesten oder guten Worten, Erfahrungen, die wir im alltäglichen Leben sammeln können und über ein ganzes Leben hin mit vertrauten Menschen teilen dürfen. Vielseitige und ambivalente Erfahrungen gehen damit einher. Sie wachsen im Guten oder wuchern ins Böse. Sie künden von Erfolg oder mahnen zur Umkehr. Vertrauen ist immer auf dem Prüfstand.
Wie geht da Gott mit unserem Leben um, welche Botschaften des Vertrauens können wir von ihm her sammeln für uns und heute vor allem für unseren lieben Verstorbenen N. N.?
Das Gleichnis im Johannesevangelium gibt uns Aufschluss. Vertrauen zeigt sich als lebendiges Geschehen von Werden und Wachsen, Gedeihen und Verderben. Jesus verwendet dafür das Bild vom Weinstock und benennt mit ihm eine wesentliche Quelle, aus der sich Vertrauen schöpfen lässt. Es ist ein sehr tief gehendes Bild, das in unserer Zeit sein Spiegelbild findet. Viele Sinnentwürfe begegnen uns täglich in unserer bunt und schrill gewordenen Welt: Zielsetzungen des Lebens, die von rein materiellen Interessen über ungezählte Heilsangebote bis hin zu weltflüchtenden

oder weltverachtenden Sichtweisen gehen. Der Gesellschaft zur Zeit Jesu ist derlei Pluralität und Ringen der Menschen um den richtigen Weg nicht fremd. Sie suchen und fragen im »Dornbusch« ihrer Tageserfahrungen: Was trägt? Was fruchtet? Was ist die richtige »Rebsorte«, welches der »wahre« Weinstock?
Jesus antwortet eindeutig: »Ich bin der wahre Weinstock, und mein Vater ist der Winzer.« (Joh 15,1)
Er ist wahr, weil er die Sorgen und Nöte der Menschen sieht und ernst nimmt.
Er ist wahr, weil er sich mit seiner eigenen Existenz bis zum Tod in das menschliche Leben hereingibt.
Er ist wahr, weil er in der Auferstehung die unverbrüchliche Treue des Vaters offenbart hat.
Darin erfüllt sich auch das Bild vom Weinstock. Seine Wurzeln greifen weit in die Tiefe der Glaubensgeschichte Israels und ziehen von dort Wasser und Nährstoffe. Das heißt übertragen: In Jesus bündeln sich jahrtausendealte Erfahrungen mit Gott. Er, der aktuelle Weinstock, steht mitten im Leben und ist Frost, Hagel und Krankheiten ausgesetzt: Der wahre Weinstock ist mitten in dieses unser je eigenes Lebensfeld gepflanzt, wo er auf immer neuen Reben und neue Früchte bringt. Nach der Ernte gären seine Früchte vom Saft zum Wein, »der des Menschen Herz erfreut«. Das lässt den Weinstock auf eine gewandelte Ebene der Sinngebung hinweisen. Nicht von ungefähr sagt die Präfation des Requiems: »Deinen Gläubigen, o Herr, wird das Leben gewandelt, nicht genommen.« (Missale)
Bei all dem weiß sich der Herr in enger Verbundenheit mit dem Schöpfer, mit dem Vater: »...und mein Vater ist der Winzer.« Gott selbst hält seine schützende Hand über dem Sohn.
Das Gleichnis weist uns als Reben an diesem geheimnisvollen Weinstock aus. Reben treiben ihre Früchte am neuen, einjährigen Holz. Sie kommen erst als »Gescheine«, sehen aus wie Trauben, sind aber noch keine. Erst nach der Blüte (Taufe) wachsen und reifen sie. Die Reben treiben dabei viel Laub, das auf ein Mindestmaß zurückgeschnitten werden muss, sonst entwickeln die Trauben nicht ihre volle Kraft. Das erklärt uns das Wort Jesu: »Jede Rebe an mir, die keine Frucht bringt, schneidet er ab, und jede Rebe, die Frucht bringt, reinigt er, damit sie mehr Frucht bringt.« (Joh 15,2) So

bleiben wir als Reben des Weinstocks immer aktuell gefordert, für jeden Jahrgang neu.

Das »Reinigen der Reben« durch den Winzer ist aber keine Strafhandlung, sondern ein normaler Prozess und erste Quelle für Vertrauen. Gott, der Winzer, hegt und pflegt das Wachsen der Reben am Weinstock Jesus. Glaube und Vertrauen werden Schritt um Schritt unseres Lebens von Gott optimiert, »geschnitten«. Darin bleibt er uns treu in guten und in bösen Zeiten, immer zielgerichtet auf das Gelingen des Lebens.

Wir gehen im Gleichnis einen Schritt weiter. Wie scharf schneidet der Winzer zurück? Das Gleichnis nimmt seine Wende. »Wer in mir bleibt und in wem ich bleibe, der bringt reiche Frucht; denn getrennt von mir könnt ihr nichts vollbringen.« (Joh 15,7) In Gemeinschaft mit dem Herrn bedarf es keiner weiteren Eingriffe, denn: »Ihr seid schon rein durch das Wort, das ich zu euch gesagt habe.« (Joh 15,3)

Schauen wir nun auf unsere eigene Existenz mit allen Realitäten und Unwägbarkeiten, so sehen wir im Gleichnis Jesu ein einzigartiges Zeugnis des liebenden Gottes, der uns immer nahe ist. Die Offenbarung des Namens Gottes bei Mose im brennenden Dornbusch aktualisiert Jesus mit den Worten: »Wenn ihr in mir bleibt und wenn meine Worte in euch bleiben, dann bittet um alles, was ihr wollt: Ihr werdet es erhalten.« Das ist das klare Bekenntnis zu JAHWE, dem Vater und »Winzer«.

Unser lieber Verstorbener hat dem Gleichnis vom wahren Weinstock geglaubt und in seinem ganzen Leben mit all seinen Facetten darauf vertraut. Die Eckdaten aus seiner Lebensgeschichte haben das gezeigt. Für sein Glaubenszeugnis sind wir zutiefst dankbar. Wir greifen sein Vertrauen auf und bringen im Namen Jesu unsere Bitten vor den Vater, den »Winzer«.

Fürbitten

Guter und barmherziger Gott,

Jesus bezeugt: Du bist der Winzer, der unser Leben als Reben am Weinstock Christus hegt und pflegt. Dich bitten wir:

- Unser Gemeindeglied N. N. hat auf dich in allen Höhen und Tiefen seines Lebens vertraut. Lass aus seinem Vertrauen jetzt ewige Gemeinschaft in dir erwachsen.

V./A.: Gott, unser Vater:/Wir bitten dich, erhöre uns.

- Angst oder Sorge, Not oder Krankheit brechen immer wieder in unser Leben ein und setzen bleibende Wunden. Heile am Ende, was verletzt und versöhne, was noch ungereimt ist.
- Liebe, Güte und Vertrauen sind Früchte an den Reben des Weinstocks Jesus Christus. Wäge alles Gute und Liebe, das N.N in seinem Leben anderen aus deiner Gnade heraus hat schenken dürfen.
- Lass alle unsere Verstorbenen, auch jene, die sehr um ihr Gottvertrauen ringen mussten, bei dir Ruhe finden in ihren Fragen und schenke ihnen ewiges Licht für das Dunkel ihrer Ängste.

Herr, unser Gott, Jesus sagt: »Bittet um alles, was ihr wollt: Ihr werdet es erhalten.« Darauf vertrauen wir und danken dir für deine Liebe und Gnade, heute und in Ewigkeit.

HEINRICH KLÖPPING

Worte des Lebens

Ihr seid das Licht der Welt

. . . .

Schrifttext: Mt 5,14–16

Mögliche Trauersituation: Menschen, die hilfsbereit waren

Antwort

Liebe Trauergemeinde!

Sie kennen wohl alle den Satz, den Gott im Schöpfungslied ganz am Anfang der Bibel spricht: »Es werde Licht«. Und damit schuf er die Grundvoraussetzung allen Lebens. Die Trennung von Dunkelheit und Chaos auf der einen Seite und Licht auf der anderen gilt als der entscheidende Punkt in der Erschaffung der Welt. Wie wichtig das Licht für alles Leben ist, kann jeder Wissenschaftler, aber auch jeder einzelne Mensch, genau sagen oder nachempfinden. In langen Winternächten sehnen wir uns nach dem Licht des Frühlings, wir zünden daheim Kerzen an, die uns als besondere Art von Licht zur Andacht und zum Meditieren inspirieren. Und selbst Menschen, die mit dem religiösen Hintergrund von Weihnachten nichts oder wenig anfangen können, freuen sich über die Weihnachtsbeleuchtung in unseren Städten, die die längsten Nächte des Jahres erhellt. Licht gleich Sonne gleich Leben, so lautet die Formel, für die sich noch viele Beispiele anführen ließen. Licht bedeutet Hoffnung, es beruhigt, vertreibt Ängste, tröstet, gibt Kraft, entspannt, lässt uns wieder zuversichtlicher in die Welt blicken. Für depressive Menschen ist viel Licht der beste Heilungsweg. Und umgekehrt gilt: Lebewesen, Mensch, Tier und Pflanze, verkümmern in der Dunkelheit und sterben, wenn sie kein Licht mehr sehen.

Nun heißt es im Prolog, am Anfang des Johannes-Evangeliums: »Das wahre Licht, das jeden Menschen erleuchtet, kam in die Welt«, und gemeint ist natürlich Jesus. Und später, im achten Kapitel, sagt Jesus von sich selbst: »Ich bin das Licht der Welt. Wer mir nachfolgt, wird das Licht des Lebens haben.« (Joh 8,12) Dies ist ein großartiges Bild, das jeder Christ nachvollziehen kann: Jesus als die Mitte unseres Lebens, zu der alles hinstrebt, von der alles seine Lebenskraft bezieht. Jetzt aber, wir haben es gehört, sagt Jesus zu den Menschen, die ihm nachfolgen: »*Ihr* seid das Licht der Welt!« Wie ist das zu verstehen?

Jesus spricht hier, mitten in der so genannten Bergpredigt, seine Zuhörer, darunter ganz besonders seinen Jüngerkreis, an. Und der Evangelist Matthäus, der uns diesen Satz überliefert hat, hat sicher auch an die ersten, kleinen Gemeinden gedacht, die damals unter starker Bedrängnis standen, und sich in der Vielfalt der Religionen im römischen Reich nur schwer behaupten konnten. Ihnen ruft er zu: »Ihr *seid* das Licht der Welt!« Soll heißen: Hierin unterscheidet ihr euch von den anderen Religionen. Licht verströmt Wärme, und in eurem Umgang miteinander zeigt ihr eure Nächstenliebe, zeigt ihr eure guten Werke, eure Hilfsbereitschaft, eure Opferbereitschaft. Ihr seid die Keimzelle für das Reich Gottes. In eurem Verhalten legt ihr die Grundlage für die Ausbreitung des Reiches Gottes. Ihr seid Vorbild für alle anderen, ihr sollt durch euer liebevolles Verhalten alle anderen Menschen überzeugen, dass nur hier der Weg zur Erlösung, zum Heil liegt.

Liebe Trauergemeinde, die Verstorbene hat Zeit ihres Lebens den Grundsatz befolgt, Licht für die anderen Menschen zu sein. Hilfsbereitschaft wurde bei ihr sehr groß geschrieben. Kein Weg war ihr zu weit, keine Mühe zu groß, um ihren Mitmenschen zu helfen. Nicht nur in der Familie: Jeder im Ort (in der Umgebung) wusste, dass man immer zu N. N. kommen konnte und für seine Anliegen ein offenes Ohr fand. Dieses Licht der Nächstenliebe wurde nicht unter einen Scheffel gestellt, sondern leuchtete für alle Menschen in ihrer Umgebung. Mit Rat und Tat war sie ständig für alle da, die sich an sie wandten.

(Hier können die Daten und Fakten des Lebenslaufes eingefügt werden.)

Ständig für die Mitmenschen da zu sein, immer ansprechbar und andauernd für andere tätig zu sein, kostet viel Zeit und vor allem Kraft. N. N. war eine gläubige Christin. Die Hilfsbereitschaft, die vorher angesprochen wurde, entsprang aus dem Glauben. Und aus dem Glauben schöpfte sie die Kraft. Sie hatte erkannt, was wichtig und not-wendig war in ihrem Leben. All dies geschah, um – mit unserem Evangelium zu sprechen – »den Vater im Himmel zu preisen«.

Dieses Licht ist nun erloschen. Viele Menschen werden N. N. vermissen. Aber in unserer Trauer können wir gewiss sein, dass die Spuren, die N. N. hinterlassen hat, lebendig bleiben. Menschen, die sie zu ihren Lebzeiten bewundert haben und von ihrer Hilfsbereitschaft begeistert waren, werden sich ständig positiv an sie erinnern. Das Gute, das sie bewirkt hat, lebt fort, nicht nur im Gedächtnis vieler Menschen, sondern auch in der tätigen Nächstenliebe, an der sich die Menschen in ihrer Umgebung ein Vorbild nehmen können. Das Licht erleuchtet auch ihr Leben, und nicht wenige werden versuchen, dieses Licht weiterzugeben. So wie wir eine Kerze an einer anderen Kerze anzünden können, bedarf es nicht immer eines neuen »Entzündens« der Liebe. Dies ist ganz in dem Sinne, wie Jesus sich den Umgang der Menschen untereinander vorgestellt hat. Und so können wir auch Trost finden in der Gewissheit, dass N. nun in der Ewigkeit bei Gott ist, dass sie das Licht Gottes direkt vor Augen hat. Es liegt nun an uns, liebe Trauergemeinde, das Licht, das durch N. N. leuchtete, weiterzugeben, um dem Ziel des Reiches Gottes auf Erden näher zu kommen.

Fürbitten

Zu unseren Herrn Jesus Christus, dem Licht der Welt, rufen wir:

- Wir bitten dich um N. N., die du zu dir gerufen hast: Lass sie dein Licht sehen.
- Stehe auch den Angehörigen von N. N. bei und sei ihnen Halt und Stütze in ihrer Trauer.
- Sei du mit allen Menschen, die dein Liebesgebot befolgen und sich ständig für andere Menschen liebevoll einsetzen.
- Stärke unsere Gemeinde und lass sie ein Licht in der Finsternis sein, damit auch andere Menschen den Weg zu dir finden.
- Sei du auch mit allen Mitarbeitern der Caritas und anderen kirchlichen Hilfsorganisationen, die täglich dein Liebesgebot in die Tat umsetzen.
- Nimm unsere Verstorbenen auf und geleite sie in dein ewiges Licht.

Herr, in unserer Trauer bist du unserer einziger Trost. Wir brauchen dein Wort und deine Botschaft, so wollen wir ständig deinem Licht folgen, damit auch wir die ewige Seligkeit erlangen.

WOLFGANG DOERING

Sorgt euch nicht um euer Leben

Schrifttext: Mt 6,25–32

Mögliche Trauersituation: Menschen, die viel Verantwortung getragen haben

Ansprache

Am Sarg eines lieben Menschen wird noch einmal mit aller Macht deutlich, was es heißt, loszulassen, herzugeben. Ein langer und schmerzlicher Prozess kann das sein. Sie, die Angehörigen, verlieren mit dem Tod Ihres N. N. ein Stück ihres eigenen Lebens. Erst recht gilt dies für den, der dem Tod entgegengeht und sein Leben Stück für Stück loslassen muss, wenn es ihm nicht urplötzlich entrissen wird. Loslassen können ist für jemanden wie N. N. vielleicht noch schwieriger gewesen, weil er in seinem Leben für viel verantwortlich war und in seiner Tätigkeit als (…) große Verantwortung getragen hat. So etwas lässt einen nicht einfach los, begleitet einen Tag für Tag, manchmal Tag und Nacht, und prägt das Leben, ja die ganze Person über Dienst- und Berufszeiten hinaus. Manchmal kann einen dann das Gefühl beschleichen, die Verantwortung ist übergroß, zu groß. Sie kann erdrückend sein, gerade für jemanden, der sie ernst nimmt. Sie kann beglückend sein, wenn man sieht, dass sie Früchte trägt, dass es sich, wie man sagt, gelohnt hat und lohnt. N. N. hat seine Verantwortung pflichtbewusst und gerne getragen und dabei wohl die belastenden und die erfüllenden Momente erlebt, die solche Aufgaben mit sich bringen. Eines hat N. N. sicherlich auch erfahren oder im Laufe des Lebens gelernt, dass wir bei aller Mühe und Verantwortungsbewusstsein nichts einfach selbst in der Hand haben. Zuviel spielt da mit. Dinge, die wir nicht beeinflussen können, tauchen auf. Die Gefahr erdrückt zu werden besteht. Gelassenheit ist daher eine Schwester der Verantwortung.

Die Schriftlesung, die wir aus dem Matthäusevangelium gehört haben, spielt darauf an. Jesus kennt eine Sorge, die meint, alles, bis ins Letzte hinein im Griff zu haben und sich dabei letztlich in Details, in zweitrangige Dinge zu verbeißen. Dabei aber verliert jemand den Blick für das Wesentliche, für das, was entscheidend ist. N. N. konnte, wie Sie mir erzählt haben, diese Unterscheidung treffen und so bei aller Verantwortung, die er für (…) gehabt hat, gelassen bleiben. Jesus geht es aber in diesem Evangelium noch um etwas mehr. Es geht ihm um die rechte Sorge im Blick auf das eigene, ganz persönliche Leben. Viele Menschen rennen dem Leben hinterher; Jesus nennt als Beispiele Essen und Kleidung, »Lifestyle« würden wir heute dazu sagen. Viele Menschen rennen dem Leben hinterher und rennen sich dadurch selbst davon. Die Maßstäbe für gelingendes Leben, nach dem sich alle sehnen, sind verrutscht und verschoben. Da legt Jesus den Finger hinein und sagt: Halt! Verrennt euch nicht, verbeißt euch nicht. Und er nennt einen anderen Maßstab: Das Reich Gottes. Es steht für Gott und seine Herrschaft. Gottesherrschaft aber bedeutet Leben. Dort, wo Gott herrschen darf, dort ist Leben in Fülle, d. h. versöhntes, erfülltes Leben. Es ist dies das Leben, das Jesus verheißt in seinen Worten und aufscheinen lässt in seinen Taten. Es ist dies das Leben, das ihm zwar durch Menschen am Kreuz genommen wird, das aber Gott nicht durchkreuzt, sondern im Gegenteil an Ostern in der Auferweckung Jesu bestätigt und mit seiner himmlischen Herrlichkeit umkleidet und erfüllt hat.

Dieses Leben ist für uns Christen Maßstab und Orientierung im Blick auf unser eigenes Leben hier in dieser Welt und im Blick auf die große Perspektive und Hoffnung, die uns durch Jesus Christus gegeben ist: das ewige Leben in Gottes Gemeinschaft im Himmel. Wer diese Perspektive hat, der muss dieses Leben hier nicht so im Griff haben, dass er es ausquetscht und enttäuscht ist, wenn es doch nicht das Letzte bringt, wenn es bruchstückhaft bleibt an vielen Stellen, denn der weiß, dass es aufgehoben ist in Gott, geborgen in seinem Reich.

Es sind zwei Vorzeichen vor dem Leben, die Jesus hier zeigt: das eine der Jagd nach dem Leben und das andere vom Reich Gottes als umfassende Perspektive.

Verantwortung in dieser Welt zu tragen ist die Balance zwischen der rechten Sorge um die einem anvertrauten Güter und Menschen und der Gelassenheit, die aus dem Glauben an das Reich Gottes kommt und daran, dass die letzte Erfüllung in Gott ist, dass seine Sorge um uns unsere Sorge trägt und umfasst.

Wir dürfen hoffen, und wir vertrauen darauf, dass N. N. nun diese umfassende und bergende, ja lebenschaffende Sorge Gottes erfahren darf, und dass alles, was er getan hat, bei Gott seine Vollendung findet. So loszulassen ist ein vertrauensvolles Loslassen in die Hände Gottes hinein. Er sorgt für uns im Leben und im Tod.

Fürbitten

In unserer Trauer wenden wir uns voll Hoffnung an Gott und bitten ihn:

- Für N. N.: Lohne ihm all seine Mühen und alles Gute, das er bewirkt hat, und nimm ihn auf in deine Herrlichkeit.
- Für die Angehörigen und alle, die um N. N. trauern: Lass sie Menschen finden, die sie in ihrer Not stützen und begleiten.
- Für alle Verstorbenen, die uns nahegestanden sind, und für die, an die sich niemand erinnert: Lass sie leben bei dir.
- Für alle Christen: Lasse sie in der Beanspruchung durch den Alltag nicht aus dem Blick verlieren, dass du für uns sorgst.

Du Gott des Lebens, du bist mächtiger als der Tod. Lass unsere Verstorbenen mit Christus zum Leben auferstehen. Dich preisen wir durch ihn, Christus, unseren Herrn.

HANS-MICHAEL SCHNEIDER

Bittet, dann wird euch gegeben

. . . .

Schrifttext: Mt 7,7–11

Mögliche Trauersituation: Menschen, die viel gebetet haben

Ansprache

NOT LEHRT BETEN,
… sagt das Sprichwort. Es ist wahr, dass wir Menschen uns im Gebet an Gott wenden, wenn wir in Not sind und ihn auch schnell wieder vergessen, wenn die Notlage behoben ist. Vieles von dem, was in der Not erbeten wird, bleibt unerfüllt. Das ist ebenfalls wahr! Es ist sogar die grundlegende Erfahrung im Beten, dass Gott unsere Wünsche und Bitten nicht erfüllt, selbst dann nicht, wenn sie aus größter Not und tiefster Seele an ihn gerichtet sind. Manche Christen und andere stellen darum das Beten ein. »Es bringt doch nichts«, sagen sie. Davon wissen auch die getreuen Beterinnen und Beter, vielleicht sogar mehr als alle anderen. Dennoch bleiben sie dabei: Sie sprechen zu Gott, auch wenn er ihnen nicht antwortet. Sie verrichten treu ihr tägliches Gebet, auch wenn es keinen sichtbaren Nutzen hat. Sie bleiben im Wort zu Gott, auch wenn das kein anderer Mensch verstehen kann.

BETEN HILFT,
… sagen die getreuen Beterinnen und Beter. Sie sagen es mit großer Bestimmtheit. Aber sie sagen gleich dazu, es hilft nicht so, wie man es anfänglich erwartet. Die erbetene Hilfe kommt anders. Ein kranker Mensch erbittet Gesundheit und wird nicht gesund. Er erbittet die Linderung von Schmerzen und leidet doch weiter. Er erbittet Geduld und muss doch jeden Tag neu darum kämpfen. Er erbittet die freundliche Zuwendung der Angehörigen und aller, die ihm helfend und pflegend zur Seite stehen und muss doch ertragen, dass sie mitunter auch nachlässig, unsensibel und gleichgültig sind. Zuletzt erbittet ein Mensch nur noch das, was wir Gnade nennen und das so schwer auszudrücken ist: Getragen zu werden von der Gegenwart Gottes; getröstet zu werden von Gottes Verheißung; bestärkt zu

werden von Gottes Zuwendung; geborgen zu sein in Gottes Nähe, verbunden zu sein mit dem Lebensstrom, der aus Gott fließt; gewiss zu werden, dass Gott die Vollendung des Lebens ist! In unserem menschlichen Leben ist das Gebet die wichtigste Form der Zuwendung zu Gott. Wer in dieser Verbindung bleibt, so glauben wir, der wird im Angesicht des Todes und im Angesicht Gottes unmittelbar in den Lobpreis ausbrechen: Du bist so wunderbar, Gott, den ich im Beten gesucht und berührt habe, und in dessen Lobpreis ich sterblicher Mensch einfach versinke.

Das Gebet entlastet

... uns Menschen von keiner unserer Lebensaufgaben und Lebensnöte. Aber es entlastet uns von der Angst, dass wir ungerecht behandelt werden und zu kurz kommen; es entlastet uns vom Kampf auf Leben und Tod, den wir doch nur verlieren werden; es macht uns frei, den geschenkten Tag zu genießen und den belasteten Tag zu ertragen und in beidem Gottes Zuwendung anzunehmen.

Anklopfen am Tor des Erbarmens

Der Verstorbene, N. N., den wir in dieser Feier aus unserer Mitte verabschieden, hat viel gebetet. Vielleicht hat er sich nie darüber Rechenschaft abgelegt, was es mit seinem Beten auf sich hat. Aber er hätte es sicher aufgegeben, wäre da nicht diese tragende Verbundenheit geblieben. Nach der Aufforderung Jesu ist das Beten ein sehr persönlicher Ausdruck: Bitten, Suchen, Anklopfen. So behutsam und höflich gehen wir in der Regel untereinander um, aber nicht mit Gott. Bei Gott fallen wir meistens gleich mit der Türe ins Haus. Im Judentum zur Zeit Jesu gab es die schöne sprachliche Wendung: »An die Tore des Erbarmens anklopfen«. Der verstorbene N. N. hat treu und behutsam in seinem Gebet an die Tore des Erbarmens Gottes angeklopft. Das Wort Jesu gibt uns Gewissheit, dass sich ihm dieses Tor des Erbarmens Gottes weit geöffnet hat in seinem Tod. Und dass er jetzt dort ist, wo alles Beten der Menschen sich zu einem himmlischen Jubel und zur schönsten Musik wandelt.

Fürbitten

Lasst uns beten zu Jesus Christus, dem Herrn über Leben und Tod, der uns zum unablässigen Bitten ermuntert hat:

- Für die Trauernden, die mit dem Verstorbenen N. N. in den Tagen der Krankheit gebangt, gebetet und gehofft haben.

V./A.: Christus, höre uns./Christus, erhöre uns.

- Für viele stille Beterinnen und Beter in unseren Gemeinden, die treu und stellvertretend für uns die Verbindung zu Gott halten.
- Für Menschen, deren Gebet der Verzweiflung und Not nicht standgehalten hat und die zu beten aufgehört haben.
- Für uns und alle, die im aufmerksamen Horchen und geduldigen Beten die Liebe zu ihren Toten pflegen.
- Für die christlichen Gemeinden, denen es aufgetragen ist, den Glauben an die Auferstehung zu bezeugen und die Nähe Gottes zu feiern.

VATER UNSER ...

Gott, wir danken dir, dass du die Tore deines Erbarmens weit geöffnet hast. Nimm unseren verstorbenen N. N. auf in das Haus der Vollendung und geleite ihn zum Gastmahl des ewigen Lebens. Allen, die trauernd zurückbleiben, öffne Herzen, Hände und Häuser, dass sie den Weg der Trauer nicht einsam, nicht verbittert und nicht ohne Hoffnung gehen müssen. Dir sei Lobpreis und Ehre, jetzt und in Ewigkeit.

ANTON SEEBERGER

Geht und berichtet, was ihr hört und seht

Schrifttext: Mt 11,2–6

Mögliche Trauersituation: Menschen, die offene Fragen haben

Ansprache

In unserer lauten und geschwätzigen Welt gibt es mindestens noch zwei Ereignisse, die uns verstummen lassen: die Geburt und der Tod. Die Geburt führt uns ins Leben. Aber wohin führt uns der Tod? Das Sterben des Menschen wirft Fragen auf. Und unser Leben davor wirft Fragen auf. Nicht wenigen Menschen erscheint es so, als ob viele Fragen im Leben ohne Echo blieben. Wohin sollen wir uns dann wenden? Wo haben wir die Chance, dass uns jemand kundig und vertrauenswürdig antwortet? Menschen haben schon seit jeher mehr Fragen als Antworten im Leben. Sollen wir die Fragen deswegen verdrängen oder in der Kammer des Vergessens ablegen? Wenn wir so viele unbeantwortete Fragen an das Leben haben, könnte das auch so etwas wie ein Hinweis sein, dass wir Antworten noch nicht an der richtigen Stelle oder bei der richtigen Person erfragt haben. Hinter unseren drängenden Fragen verbergen sich oft Ängste, Sorgen, Wünsche und vielleicht auch scheue Hoffnungen.

Als Christen sind wir durch den Glauben zwar beileibe nicht aller Fragen um die menschliche Existenz ledig, aber wir wissen wenigstens, wohin wir mit ihnen gehen können. Wir wissen einen, der uns mehr sagen kann als jeder andere: unser Herr Jesus Christus. Wenngleich wir an ihn nicht herangehen können wie an ein Stichwort-Lexikon – in seinem Leben und Wirken jedoch können sich Fragen spiegeln, die wir angesichts von Sterben und Tod mit uns tragen.

Der Text aus dem Matthäus-Evangelium, den wir eben gehört haben, spricht auch von einem Menschen mit einer bedrängenden Frage, von Johannes dem Täufer. Zu ihm war Jesus am Beginn seiner öffentlichen Wirksamkeit gekommen und hatte sich seiner Art der Taufe unterzogen. In dieser Begegnung meldeten sich beim Täufer Ahnungen, die in Verbindung mit der Verheißung eines Gottgesandten standen. Die großen Propheten des Alten Bundes hatten immer wieder von einem Messias gesprochen.

Aber Johannes hat das Wirken Jesu aus eigener Anschauung nicht mehr erleben können. Man hatte ihn, den Kritiker der Mächtigen, ins Gefängnis geworfen. Da nun wälzen sich in ihm Fragen um, drängen nach Antwort. Er hört in der Haft durch seine Jünger von Jesus und von dem, was durch ihn in der Öffentlichkeit geschieht. Er schickt sie zu ihm mit einer eindeutig und klar formulierten Frage: »Bist du der, der kommen soll, oder müssen wir auf einen anderen warten?« So haben doch auch wir heutigen Menschen eindeutige und klar zu formulierende Fragen: Ist mit dem Tode unser Leben abgeschlossen, ist dann alles vorbei und gelöscht? Ist der Friedhof eine Entsorgungsstätte und sind unsere Ritualien nur eine Form, vornehm darüber hinweg zu sehen?

Welche Art von Antwort hat Johannes der Täufer auf seine klar gestellte Frage bekommen? Schon die Einleitung Jesu zu seiner Antwort lässt aufmerken: »Geht und berichtet Johannes, was ihr hört und seht ...« Jesus macht die Johannesjünger darauf aufmerksam, dass sie selbst die Antwort geben können. Wieso dies? Von dem her, was sie selbst hören und sehen bzw. schon gehört und gesehen haben. Das unterstellt auch, dass von Jesu Worten her und auf Grund seiner Taten eine Antwort auf unsere Fragen nach Leben und Tod möglich ist. Jesus verweist die Erfahrungen, die man in der Begegnung mit ihm macht, und formuliert sie in den Worten des Propheten Jesaja: »Blinde sehen wieder und Lahme gehen; Aussätzige werden rein und Taube hören; Tote stehen auf und den Armen wird die frohe Botschaft verkündet.«

Die Johannesjünger können also ihrem Meister berichten, dass die Erwartungen und Hoffnungen in Jesus Wirklichkeit geworden sind. Sie haben seine Predigt gehört, sie haben seine wunderbaren Taten erlebt. Der Schluss, dass Jesus der erwartete Gesandte Gottes ist, können Johannes der Täufer und seine Jünger nun selbst ziehen.

Martin Luther hat einmal gesagt, das Sterben sei ein gewaltiges Werk der Gemeinde. So ist es tatsächlich. Denn es sind unsere Erfahrungen des Glaubens aus Jesu Worten und Taten, die unseren Fragen nach Leben und Tod Antworten der Hoffnung, Antworten des Trostes und der Gewissheit geben. Im Gleichnis vom Sämann dürfen wir uns sagen lassen, dass die Aussaat unseres Lebens allen Widerständen zum Trotz zumindest in den Augen Gottes Frucht bringt. Als letztes Vermächtnis Jesu in seinem Erdenleben dürfen wir sein Versprechen hören, dass er alle Tage bei uns ist und uns begleitet bis ans Ende. Wo Gott ist, da ist Leben, selbst im Tod. Das ist die alles verwandelnde Erfahrung der Jünger Jesu: Jesus ist nicht im Tod verblieben, er lebt bei Gott und will, dass auch wir dort sein sollen, wo er ist. So dürfen wir einander bestärken und trösten mit dem, was wir in Jesu Botschaft hören und was als Erfahrung des Glaubens die Christen von Anfang an begleitet. Denn nicht der Tod definiert uns, sondern das Leben. Dennoch müssen wir eine Weile im Wissen um die Vergänglichkeit zusammenleben, uns ergänzen, aneinander freuen und aufrichten, miteinander tätig sein. Im Leid aber muss sich die christliche Gemeinde bewähren. Schauen wir zusammen auf das vordergründig Sichtbare, im Glauben aber auf den Schimmer des Lichtes, der uns aus jedem Grab leuchtet.

Fürbitten

Herr unser Gott, im Namen Jesu Christi bringen wir unsere Bitten vor dich. Er hat uns ermutigt, dies zu tun und darauf zu vertrauen, dass du uns hörst.

❍ Lasst uns beten für unsere Verstorbenen, wenn sie mit ihren Fragen an das Leben, an sein Schicksal, an seinen Sinn und sein Ziel von uns gegangen sind.

A.: Gott, unser Vater: Wir bitten dich, erhöre uns!

❍ Lasst uns beten für alle, die leben müssen mit einem leeren Platz an ihrer Seite, die einen vertrauten und geliebten Menschen verloren haben.

❍ Lasst uns beten für alle, die durch Krankheit aus ihrer gewohnten Welt gerissen sind, zurückgeworfen auf sich selbst, zurückgelassen mit drängenden Fragen.

❍ Lasst uns beten für uns selbst, dass wir die Vergänglichkeit in unserem Leben nicht verdrängen und dankbar sind für alles Schöne und Gute, das wir erleben dürfen.

Herr, unser Gott, manches im Leben bleibt uns ein Rätsel, und nicht alle Fragen, die wir haben, finden hier eine Antwort. Doch dir vertrauen wir dies alles an und hoffen auf dich, heute und alle Tage und bis in Ewigkeit.

JOHANNES JERAN SJ

Kommt alle zu mir, die ihr euch plagt und schwere Lasten zu tragen habt

Schrifttext: Mt 11,28–30

Mögliche Trauersitutation: Menschen, die Schmerzen gelitten haben

Ansprache

In Jesu Nähe ist Leben, Leben in Fülle

Schauen wir auf die letzten Wochen und Monate unseres verstorbenen N. N., dann wird uns allen bewusst, wie lästig Lasten sind, wie eine unheilbare Krankheit einen niederdrücken kann und wie bedrückend es sein kann, wenn nur wenig Hoffnung besteht, das Leben nochmals in vollen Zügen erleben zu dürfen. Wir wissen: Lasten, Leiden und Krankheiten können das Leben zur Hölle und zur Qual werden lassen.
N. N. hat wahrlich angesichts seiner Leiden und Krankheiten viel aushalten müssen. Der Krebs in ihm wucherte aggressiv immer weiter. Metastasen breiteten sich im ganzen Körper aus, und die Lebensperspektive wurde immer hoffnungsloser und trostloser. Nicht zufällig hat auch N. N. immer wieder stöhnend und anklagend den folgenden Satz ausgesprochen: »Das ist doch kein Leben mehr.«
»Das ist doch kein Leben mehr« – mit diesen Worten konfrontierte mich N. N. auch, als ich ihn letzte Woche besuchte, ihm die Krankensalbung spendete und die Kommunion brachte. Geschunden, völlig entkräftet, erdrückt von den schweren Leiden, die unser Verstorbener zu tragen hatte, sagte er völlig resigniert diesen Satz: »Das ist doch kein Leben mehr.« Wahrlich, N. N. hatte wirklich angesichts seiner schweren Krankheit nicht mehr viel vom Leben. Was musste er auch alles mitmachen und aushalten! Sein Lebensweg glich immer mehr einem unbarmherzigen Kreuzweg. Einen doch recht langen Leidensweg musste er durchleiden und durchstehen, der Spuren, Kerben und Enttäuschungen hinterlassen hat. Zwar blitzte immer wieder ein Funke Hoffnung auf, der leider aber auch sehr schnell wieder bei ihm erlosch. Wir alle mussten zusehen, wie N. N. immer mehr physisch und psychisch abbaute und immer ohnmächtiger dem Tod

entgegen ging. So gut er konnte, wehrte er sich noch gegen die Ausbreitung seiner Krankheit, aber er wusste auch, dass er früher oder später den Kampf verlieren würde. Viele, die ihn in der letzte Woche besuchten, wussten gar nicht mehr so recht, um was sie im Gebet von Gott für ihn erbitten sollten – sollten sie um eine schnelle Erlösung durch den Tod bitten oder um weitere Wochen und Tage, die vom Leiden bestimmt waren?
Offensichtlich hat Gott N. N. jetzt durch den doch überraschend schnellen Tod erlöst. Gott hörte sein Klagen und Stöhnen und sein lautes Rufen: »Das ist doch kein Leben mehr.« Bei aller Liebe zum Leben haben wohl auch viele aus Liebe zu N. N. seinen Tod herbeigesehnt und dafür gebetet. N. N. hat es jetzt überstanden. Er ist von seinem Leiden erlöst und befreit. Sein Ruf »Das ist doch kein Leben mehr« wurde gehört. Er ist jetzt wirklich erlöst. Ist aber tatsächlich der Tod die Erlösung für N. N.? Mir fällt hierzu ein Zitat des griechischen Philosophen Sokrates ein, als ich für mich dem letztendlich erlösenden Tod und dem langen Kreuz- und Leidensweg von N. N. nachspürte. Sokrates sagt, vielleicht auch zu uns allen, die wir trauern um N. N.:
»Niemand kennt den Tod und weiß, ob er für den Menschen nicht das allergrößte Glück ist.« Den Tod als allergrößtes Glück anzusehen, ist für Sie in Ihrer Trauer völlig unangemessen, aber betrachtet man seine Leidenszeit und sieht seinen Tod im Licht der Auferstehungsbotschaft, so kann ich doch wirklich sagen: N. N. hat mit seinem erlösenden Tod das allergrößte Glück gefunden. Er hat jetzt auch die freundliche Einladung Jesu, »Kommt alle zu mir!«, wohl gerne angenommen. Mit seinem Tod hat Gott einen Schlussstrich unter die leidvolle Zeit von N. N. gezogen.
»Kommt alle zu mir, die ihr geplagt und beladen seid. Ich werde euch ausruhen lassen«, mit diesen Worten ermuntert Jesus N. N. und lädt ihn ein, zu ihm zu kommen. Welch eine Einladung wird N. N. zugesagt? Jesus lädt ihn ein und verspricht ihm Ruhe. Ihm will er die letzte und wichtigste Sehnsucht erfüllen, nämlich dass er nun zur Ruhe kommen darf, dass er nach Hause kommen und Heimat, ja ewige Heimat finden darf. Jesus will N. N. zur verheißenen Ruhe führen und ihm bei sich für immer Heimat und Geborgenheit schenken. Sind aber solche Einladungen nicht nur schöne, ja allzu schöne Worte, die leeren Worten und Vertröstungen gleich kommen? Dann wären diese Einladungen keinesfalls trostreich für Sie als Trauernde. Aber jedes menschliche Leben in all seinen Nöten und Leiden wird erst

erträglich und aushaltbar, wenn wir auch im Leid und Leiden Solidaritätspartner als Vorbilder haben. Schauen wir so auf den Gekreuzigten, der vor uns das schwere Kreuz getragen hat und uns zusichert, all unsere Kreuze mitzutragen und in all unseren Leiden mitzuleiden. Wir dürfen deshalb voll Zuversicht in unserer Trauer erwarten, dass Christus ihn in seine Arme aufgenommen, all seine Leiden abgenommen und dass er erlöst das allergrößte Glück gefunden hat und dort seine Ruhe und jenen Frieden finden wird, nach dem er sich in all den schweren Zeiten des Unruhigseins gesehnt hat.
Wir alle spüren im Blick auf den Tod von N. N., wie recht der heilige Augustinus in seinen »Bekenntnissen« hat, wenn er sagt: »Auf dich hin hast du uns geschaffen und unruhig ist unser Herz, bis es Ruhe findet bei dir.« *(Augustinus, Confessiones – Bekenntnisse 1,1).*
Auch uns alle ermuntert Jesus und will uns einladen, mit all unseren Lasten zu ihm zu kommen, um so zur inneren Ruhe zu gelangen. Diese einladende Ermunterung »kommt alle zu mir, die ihr geplagt und beladen seid, ich werde euch ausruhen lassen«, ist wie Balsam auf unsere oftmals aufgescheuchten Seelen. Diese Einladung gilt auch uns, die wir heute von N. N. Abschied nehmen. Jesus lädt uns zu einer Ruhe ein, die uns Kraft gibt zum Leben. Er lädt uns zu einer Ruhe ein, die uns in unserer Trauer die nötige Kraft gibt, um uns auch den inneren Frieden zu gewähren.
Mit Jesu Einladung: »Kommt alle zu mir, die ihr geplagt und beladen seid. Ich werde euch ausruhen lassen«, verspricht er uns allen ein wahres Leben, ja ein Leben in Fülle. Hier wird dann keiner mehr sagen: »Das ist doch kein Leben mehr«, vielmehr wird jeder und jede voll Freude sagen: »In Jesus Nähe ist Leben, Leben in Fülle hier auf Erden und auch dort, wo wir N. N. vermuten – im Himmel, in den himmlischen Wohnungen, in unmittelbarer Nähe Jesu.«

Fürbitten

Herr Jesus Christus, du lädst besonders die Menschen, die geplagt sind und schwere Lasten zu tragen haben, in deine Nähe ein. Bei dir sind sie entlastet, befreit und erlöst. Dich bitten wir:

- Lass N. N. jetzt in deinem Reich und in deiner unmittelbaren Nähe das allergrößte Glück erfahren, den Ort seiner Erlösung und seiner Auferstehung.

- ❍ Sei allen Trauernden nahe, die wegen des Todes von N. N. jetzt vor Kummer am Boden zerstört sind und der Zukunft ohnmächtig entgegen schauen. Stärke sie durch unseren Auferstehungsglauben und schenke ihnen Menschen, die ihnen in ihrer Trauer beistehen und als gute Wegbegleiter und Wegbegleiterinnen zur Seite stehen.
- ❍ Richte alle auf, die in ihrem Leben durch Krankheiten und kaum auszuhaltende Leiden geplagt und gebeutelt werden und lass sie bei dir Halt und Geborgenheit finden.
- ❍ Lass alle Verstorbenen bei dir ihr allergrößtes Glück in der ewigen Heimat erfahren und bei dir die ewige Ruhe finden.

Herr Jesus Christus, du allein verschaffst uns Ruhe und Erlösung. Dafür danken wir dir jetzt und immer.

FRANZ KEIL

Gebt ihr ihnen zu essen!

Schrifttext: Mt 14,13–21

Mögliche Trauersituation: Menschen, die viel entbehren mussten

Ansprache

Liebe Schwestern und Brüder, liebe Trauergemeinde!
In unser aller Leben gibt es Situationen, in denen wir nur noch sagen können: »Ich bin am Ende! Es gibt kein Ausweg! Ich kann nicht mehr!« Gerade wenn wir am Totenbett eines geliebten Menschen Abschied nehmen müssen, scheint uns das Licht verloren zu sein, welches uns sonst Kraft schenkt und eine Tür öffnet. Die Schriftlesung, die wir soeben gehört haben, gibt Zeugnis, wie Menschen aus einer Sackgasse heraus ins Leben geführt wurden.
Auf der Suche nach Lebenserfüllung gehen die Menschen Jesus nach. Sie suchen seine Worte und in seinen Worten, Heil und Genesung. Bei ihm spüren sie, dass er ihnen geben kann, was sie wirklich zum Leben brauchen. Deshalb kann niemand und nichts sie dazu bewegen, wieder von Jesus zu lassen. Sie wollen bei ihm bleiben, denn sie wollen das Leben.
Jesus kennt diese Sehnsucht. Daher braucht niemand wegzugehen, die Menschen sollen bei ihm bleiben. So vollbringt Jesus ein großartiges Wunder: die wenigen Gaben, welche die Jünger zusammentragen, werden verwandelt. Alle aßen, wurden satt und es blieb sogar noch eine große Menge übrig, berichtet uns der Evangelist. Welch eine großartige Erzählung! Die Sehnsucht der Menschen nach Leben ist erfüllt worden: sie haben Genesung an Leib und Seele erfahren, sind gestärkt worden mit dem Brot, das zum Leben führt. Jesus Christus hat ihnen das Brot des Lebens geschenkt.
Wenn wir heute diese Wundererzählung hören, dann dürfen wir zugleich die Sehnsucht nach Leben von N. N. mithören. Sie hat die Verstorbene immer wieder umgetrieben und vorangetrieben.
(Hier könnten einige Beispiele angefügt werden.)
Liebe Trauergemeinde,
»Sie brauchen nicht wegzugehen.« (Vers 16a) Welch ein tröstendes Wort in dieser schweren Stunde, wenn wir angesichts des Todes von einem gelieb-

ten Menschen Abschied nehmen müssen. N. N. ist nicht mehr unter uns, ja sie ist Ihren Blicken und Ihrer Nähe auf immer entzogen. Sie ist von uns gegangen, bei uns bleiben Trauer und Schmerz.

»Gebt ihr ihnen zu essen.« (Vers 16b) Diese Anweisung Jesu an die Jünger ist nicht nur eine große Herausforderung an ihren Glauben, sondern zugleich die Andeutung über Jesu lebensschaffende Kraft. »Habt nur Vertrauen, rechnet mit mir, traut meiner Zusage«, mag er den Jüngern damals und uns heute zurufen. Für Jesus ist es möglich, das, was wir sind und was wir haben zu verwandeln. Denn für den Gott des Lebens gibt es keine Einschränkungen, er kann über den Tod hinaus Leben schaffen und ermöglichen.

»Sie brauchen nicht wegzugehen.« (Vers 16a) So ruft uns Jesus an diesem Tag des Abschieds zu. Weil er von den Toten auferstanden ist und lebt in der ewigen Herrlichkeit, wird er auch unser Lebenshunger stillen. Ja, Jesus schließt die Tür zu einem Leben in Fülle auf. Neues Leben; ein Leben, das weit stärker ist als der Tod.

In dieser Zuversicht und Verheißung auf die Gaben des Lebens können wir heute Abschied nehmen von N. N. Dankbar dürfen wir in diesen Tagen auf ihr Leben schauen. Für alles Gute, was die Verstorbene Ihnen geschenkt hat, ihre Wünsche und Hoffnungen, aber auch auf alles, was nicht erfüllt worden ist und vielleicht schmerzhaft zurückbleibt. Nun dürfen wir N. N. ganz Gott anvertrauen. Er wird sie aufnehmen in sein Reich und ihr dort alles schenken, was er zu einem ewigen Leben brauchen wird. Das Gute und Wertvolle wird Gott in reichem Maße verwandeln hin zur Fülle des ewigen Lebens.

Diese Gewissheit möge Ihnen, liebe Trauerfamilie, Trost und Zuversicht sein. Niemand braucht wegzugehen, Jesus hält die Gaben für das ewige Leben bereit. Sein Wort gilt der Verstorbenen, sein Wort gilt aber auch uns, den Lebenden: »Ihr braucht nicht wegzugehen!«

Fürbitten

Zu Jesus Christus wollen rufen, der die Menschen nicht wegschickt, sondern allen die Gaben zum Leben in reichem Maße schenken will:

- Für die Verstorbene N. N., die das Ziel ihres Lebens erreicht hat und nun die erhoffte Fülle in deinem ewigen Reich schauen darf.

A.: Christus, höre uns.

- Für die Trauernden und Hinterbliebenen, die in ihrer Not und ihrem Schmerz auf den Trost und das Erbarmen Gottes hoffen.
- Für alle, die in ihrem Leben das Wenige, was sie besitzen, mit anderen Menschen teilen und so beitragen, dass Gottes Liebe sichtbar wird.
- Für jene, die um die Existenz ihres Lebens bangen müssen und zweifeln an der Verheißung Gottes.
- Für die kranken Menschen, die sich Genesung wünschen und alles dazu beitragen, dass sie an Leib und Seele gesunden.
- Für die Menschen, die mit ihren Gebeten Gott um das Leben bitten.

Herr Jesus Christus, du hast Erbarmen mit uns Menschen und willst uns reich beschenken, mit allem, was wir zum Leben brauchen. Dich loben und preisen wir, jetzt und in Ewigkeit.

Gebet

Gott des Lebens, wir sehnen uns nach Leben in Freude und Glück. Wir strecken uns aus und versuchen es zu ergreifen. Jedoch müssen wir immer wieder erfahren, dass unser Leben bedroht und gefährdet ist.
Schmerzlich müssen wir Abschied nehmen von N. N. Unseren Blicken ist sie für immer entrissen. Doch deinem liebenden Blick dürfen wir sie anempfehlen. Du schickst niemanden weg, du verwandelst, was wir bringen, und du schenkst Leben in Fülle und Reichtum. Wir bitten dich um ein Leben in deiner Freude für unsere Verstorbene. Dich loben und preisen wir, jetzt und alle Tage unseres Lebens.

HOLGER WINTERHOLER

Habt Vertrauen, ich bin es

Schrifttext: Mt 14,22–32

Mögliche Trauersituation: Menschen, die Angst gelitten haben

Ansprache

Was könnte man als die christlichste Blume überhaupt bezeichnen? Viele würden einfach spontan antworten: Die Lilie oder die Rose, denn diese Blumen sind wunderschön anzusehen und gut duftend, so dass sie von alters her mit Christus, dem Licht und dem Glanz der Welt, verglichen worden sind. Ein Theologe unserer Zeit sagt aber, dass die Sonnenblume die christlichste Blume überhaupt sei, denn es kommt nicht nur auf die Schönheit der Blume an, sondern auch darauf, dass die Sonnenblume sich schon in der Nacht dorthin dreht, wo die Sonne aufgehen wird. So erwarten die Sonnenblumen schon in der Dunkelheit die Sonne, sie wenden sich der Sonne zu. Auch am Tag kann man beobachten, wie junge Sonnenblumen sich von morgens bis abends an der Sonne ausrichten. In der Mariae-Himmelfahrts-Stadtpfarrkirche in Landsberg am Lech kann man dies in einem kleinen Medaillon an der Decke sehen. Da ist ein Beet mit drei Sonnenblumen abgebildet, im Hintergrund Architektur und eben die Sonne. Und dazu die Inschrift: *»Vestigia solis adorant.«* Übersetzt heißt das: »Den Lauf der Sonne beten sie an.« Im Kirchenführer ist dazu zu lesen, dass mit diesem Bild die Gnade Gottes beschrieben wird, dass wir uns wie die Sonnenblumen an der Sonne Gottes ausrichten sollen.

Vielleicht ist die Sonnenblume auch ein gutes Bild für diese Stunde des Abschieds von unserem lieben Verstorbenen. Der Tod, er hat Ihnen, liebe Angehörige, Dunkelheit gebracht, Trauer und doch sind wir in aller Dunkelheit, vielleicht oft unmerklich, schon ausgerichtet auf das Licht hin, auf die aufgehende Sonne. Wir können und dürfen uns dem Licht schon zuwenden, so wie unser Toter sich immer wieder von neuem an der Sonne Gottes ausgerichtet hat und damit auch viele Schatten hinter sich lassen konnte. Auf der anderen Seite war unser Verstorbener eher ein ängstlicher Mensch, er hat wohl immer wieder Dunkelheit erlebt und sich nach der Sonne und dem Licht für sein Leben gesehnt. Wie die Sonnenblume ein

Symbol ist, so steckt die Geschichte vom Gang auf dem Wasser, die wir im Evangelium gehört haben, voll mit Bildern und Symbolen, die uns eigentlich vertraut sind: Da ist von der Nacht, vom Gegenwind, vom bedrohenden Wasser die Rede. Die Nacht steht für die Finsternis in unserem Leben, für die Phasen, wenn es keine Lichtblicke mehr gibt und zum Beispiel eine schwere Krankheit das Leben völlig verdunkelt hat. Gegenwind spüren wir immer dann, wenn uns Menschen nicht gut gesinnt sind, wenn es üble Nachrede am Arbeitsplatz gibt oder wir sonst ins Abseits gerückt werden. Wir drohen zu versinken und umzukommen, wenn wir in unserem Leben nicht mehr ein noch aus wissen: Da gehen wir im Streit mit einem Menschen auseinander und finden keine Versöhnung, womöglich kommen auch verschiedene Dinge zusammen, so dass einem das Wasser wortwörtlich bis zum Hals steht. Vielleicht hat unser Verstorbener die eine oder andere Situation auch erlebt. Und doch: Inmitten solcher bedrohender Situationen, die uns immer wieder hinunterziehen und fertigmachen, kommt uns Jesus als Lichtgestalt auf dem Wasser entgegen und ruft uns zu: »Habt Vertrauen, fürchtet euch nicht, ich bin es.« Jesus bietet uns seine Hand an, er will uns herausziehen. Er kann dies aber nur, wenn unser Glaube groß ist, wenn wir wie Petrus vertrauen, dass er, der Herr, helfen kann.

Das Gegenteil von Glauben ist nicht Unglauben, sondern Angst. Und so lädt uns der Herr ein, zu vertrauen, dass auch wir immer wieder rufen: »Herr, rette mich!« Herr, hilf mir, lass mich in meiner Krankheit, in meiner Aussichtslosigkeit nicht allein, schenke du mir immer wieder von neuem Kraft, lass mich glauben können. Da und dort wird unser Verstorbener dies gebetet und so auch Hilfe beim Herrn erbeten haben. Vielleicht waren es viele kleine Samen, die gelegt wurden, die da und dort aufgegangen sind als schöne Blume. Er hat immer wieder den guten Samen gelegt in seinem Umfeld auf seine Weise und somit auch feinfühlig und sensibel.

Sonnenblumen werden zudem auch gesät, um im Winter genügend Vorrat für die Vögel zu haben. Wenn wir meinen, die Sonnenblume stirbt, weil sie den Kopf immer tiefer sinken lässt, dann ziehen sie in Wirklichkeit die schweren Körner nach unten. Nun kommt eigentlich die Reifezeit ihres Lebens und wir können beobachten, wie etwas von dem, was wir im Leben gesät haben, weiter wirkt. Wenn sich die Vögel im Herbst um die Sonnenblumenkerne streiten und dabei auch Körner verloren gehen, im nächsten Jahr daraus aber unvermutet irgendwo Sonnenblumen wachsen, so können wir im Verhalten der nachfolgenden Generation etwas von dem weiterwachsen sehen, was uns beflügelt hat. Unser Verstorbener hat die ausgestreckte Hand in seinem Leben gesucht, vielleicht war es darum auch notwendig, das sichere Boot zu verlassen und hinauszugehen auf den See – im Vertrauen darauf, dass der Glaube an Jesus in allen Lebenssituationen trägt, dass der Herr das Leben in seiner Hand hält. Natürlich gab es auf der einen Seite da und dort die Frage: Wie geht es weiter, wie kann es weitergehen? Auf der anderen Seite war diese Angst, die Angst vor dem Tod, die Angst vielleicht, etwas falsch gemacht zu haben in der Vergangenheit. »In der Welt habt ihr Angst, aber seid getrost, ich habe die Welt besiegt« (Joh 16,33) – diesen Satz hat Jesus einmal seinen Jüngern gesagt. Nun ist Christus unserem Bruder vorangegangen, er hat für ihn die Welt besiegt mit ihren Ängsten, er hat ihn jetzt zu sich geholt in sein Reich, in seine Arme geschlossen, darauf dürfen wir vertrauen. Als von Ostern kommende Menschen, dürfen wir darauf vertrauen, dass das Leben den Tod besiegt hat, ein- für allemal. Er, Christus, kennt unsere Ängste, weil er selbst Angst hatte in seinem Leben. Er geht mit uns, ja, mehr noch, er ist einer, der uns vorangegangen ist und für uns die Welt und ihre Ängste überwunden hat. Ihm können wir uns anvertrauen, unsere Ängste und unsere Trauer, ihm können wir anvertrauen, warum wir uns vielleicht nicht mehr richtig freuen können, was uns auf der Seele liegt, was uns am Leben hindert. Mit ihm zusammen können wir auch den Verlust anschauen, den der Tod in unser Leben gerissen hat. Wir können uns an das erinnern, was wir mit diesem Menschen erlebt haben, was er uns bedeutet hat, was er uns geschenkt hat. Das kann helfen, dass Wunden zu heilen beginnen. Bei ihm, Christus, findet alles einen Platz, was das Leben unseres Verstorbenen ausgemacht hat. All die schönen Erlebnisse, all das Gute und Segensreiche, bei dem sich N. N. an der Sonne Gottes ausgerichtet hat. Aber auch alles Schmerzhafte und Ungeklärte hat nun seinen Platz bei Gott, der ewige und himmlische Ruhe und Frieden schenkt.

Diese Kraft von Gott her lässt auch uns immer wieder zur Sonne werden für unsere Umgebung, wenn wir vertrauen, wenn wir Mut haben, unser Leben fest zu machen bei Gott, auch in aller Not und Gefahr, auch in allem Scheitern und Untergehen, immer wieder dies zu sagen: Ich vertraue dir, weil du mir auf dem See des Lebens entgegenkommst. Die Berichte über die Begegnungen Jesu mit seinen Jüngern machen deutlich, dass Jesus seinen

Jüngern immer wieder neu entgegenkommt: Er ist immer auch der Andere, der ganz für andere da ist, er sprengt alle vertrauten Vorstellungen.
Dieses Entgegenkommen Jesu, sein Begegnen, löst bei den Jüngern immer wieder Furcht und Schrecken aus, denn er ist nicht nur einfach der Bestätigende und der Akzeptierende, er ist immer auch der Konfrontierende und der Verändernde. Diese Konfrontation verbindet er aber mit der vertrauenerweckenden Zusage: »Ich bin es!« Jesus-Nachfolge braucht somit zunächst Begeisterung, braucht die Erfahrung, über das Wasser, das bislang eher als gefährlich wahrgenommen wurde, gehen zu können. Doch diese Nachfolge bedeutet für die Jüngerinnen und Jünger immer auch Enttäuschungen. Es können widrige Umstände eintreten, Hindernisse, Resignation und Bedrohungen, und so braucht Nachfolge Jesu auch diese Enttäuschungen, die Lösung von den Täuschungen eines stillen oder angenehmen Lebens.
Dort, wo wir zu unseren Schwächen stehen, ereignet sich Versöhnung mit uns selbst. Dann können wir mit seiner überraschenden Nähe rechnen, gerade auch in den eigenen Unzulänglichkeiten. »Sende dein Licht und deine Wahrheit, damit sie mich leiten; sie sollen mich führen zu deinem heiligen Berg und zu deiner Wohnung. So will ich zum Altar Gottes treten, zum Gott meiner Freude« – so beten wir in den Psalmen (Ps 43,3). Wir vertrauen Gott die Ernte des Verstorbenen an und danken für alle Samenkörner, an denen wir uns weiter erfreuen, die auch weiter wirken in unser aller Leben hinein. Wir vertrauen, dass er nun auf dem heiligen Berg, in der göttlichen Wohnung Geborgenheit findet, dass für ihn nun ewig die Sonne der Liebe Gottes aufleuchtet.
Dank gilt es allen zu sagen, die dem Verstorbenen immer wieder beigestanden haben, die ihn immer wieder aufgerichtet haben. Bleiben auch wir ausgerichtet wie die Sonnenblume, damit wir erfahren in aller Dunkelheit, in aller Enttäuschung, Trauer und Belastung, dass der Morgen des aufgehenden Lichtes kommt, der Morgen, der keinen Abend und keine Nacht mehr kennt.

Fürbitten

»Herr, rette mich!« Im Vertrauen darauf, dass der Herr uns rettet, dass er uns seine Hand entgegen streckt, kommen wir zu ihm mit unseren Anliegen und Bitten:

- ❍ Wir beten für deine Kirche, gib uns den Mut, wie Petrus, die Sicherheit des Bootes zu verlassen und im Vertrauen auf dich neue Wege zu dir zu suchen.
- ❍ Wir beten für alle, die krank sind und die ein schweres Schicksal getroffen hat, die sich in ihrem Leben nicht mehr auskennen und denen Menschen zur Seite stehen, die sie aus ihrer Verzweiflung herausziehen wollen.
- ❍ Wir beten für alle, die an verschiedenen Ängsten leiden und die sich immer wieder in ihrem Leben ausstrecken nach Licht und Annahme.
- ❍ Wir beten für unseren Verstorbenen, für alle Toten und für alle, die wir nun in der himmlischen Erfüllung wissen.

Herr Jesus Christus, du bist der, der in den Wehen unserer Zeit Einhalt gebietet, du bist der, dem wir uns ganz anvertrauen können. Als Sohn Gottes gehst du uns voran und gibst unserem Leben Frieden. Bleibe du uns nahe, der du in der Einheit mit Gott dem Vater und dem Heiligen Geist lebst und regierst in alle Ewigkeit.

VALENTIN ZIEGLER OSB

Handle danach, und du wirst leben!

Schrifttext: Lk 10,25–28

Mögliche Trauersitutation: Menschen, die sich um ein gutes Leben bemüht haben

Ansprache

Am Ende eines Lebens stellen wir gerne die Bilanzfrage. Was hat er oder sie geleistet im Beruf, in der Familie oder in irgendwelchen Feldern ehrenamtlichen Engagements bis hin zur Kirchengemeinde? Aus allen erfassbaren Bereichen werden dann Mosaiksteinchen gesammelt und zu einem Gesamtbild zusammengesetzt. Wertschätzung und Würdigung stehen ganz oben an. Das ist auch gut und wichtig. Denn nur so lässt sich darstellen, wie sehr sich der betreffende Mensch um ein gutes Leben bemüht hat.

Das Lukasevangelium erzählt uns von einem Gesetzeslehrer, der Jesus gewissermaßen auf den Zahn fühlte. Er wollte Leistungskriterien hören, die das ewige Leben garantieren: »Meister, was muss ich tun, um das ewige Leben zu gewinnen?« (Lk 10,25) Mit seiner Frage spekulierte er wohl auf radikale Forderungen Jesu, mit denen man ihn dann hätte aufs Kreuz legen können.

Doch Jesus lässt den Fragenden selbst die Antwort geben, und er hat keine andere Wahl, als das Hauptgebot aufzusagen: »Du sollst den Herrn, deinen Gott, lieben mit ganzem Herzen und ganzer Seele, mit all deiner Kraft und all deinen Gedanken, und: Deinen Nächsten sollst du lieben wie dich selbst.«

»Du sollst den Herrn, deinen Gott, lieben.« Das ist also das Erste. Nicht den Gott, der dir aus irgendeinem Kommentar entgegen kommt, nicht den Gott, der hinter dem Wörtchen »man« versteckt wird, nicht den Gott, der in eine allgemeine Kraft des Guten aufgelöst wird, sollst du lieben, sondern »deinen« Gott. Dazu muss ich ihn aber kennen. Ich muss in meinem Leben sehen und spüren wollen, dass und wo und wie er mich trägt. Ich muss mich um ein Leben mit ihm bemühen, damit es ein gutes Leben wird. Gott lieben heißt ihm glauben.

Der Glaube lässt sich nicht in Formeln einsperren oder in ein Ghetto im Kopf verbannen. »Mit ganzem Herzen und ganzer Seele« soll der Glaube Ausdruck der Liebe sein. Das passt ganz gut in unsere Zeit, wo so viel von ganzheitlichen Methoden die Rede ist. Freude und Leid, Trauer und Zuversicht, Geleistetes und Pläne, die Anforderung des Tages und die Träume der Nacht, Versagen und Vergebung: all das gehört hinein in die Liebe »mit ganzem Herzen und ganzer Seele«. Sich um Gottes Liebe mühen heißt, auf ihn zu hoffen.

Ganzheitlich glauben und hoffen gelingt dann am besten, wenn es »mit all deiner Kraft und all deinen Gedanken« geschieht. Damit ist kein Hochleistungsglaube gefordert, sondern eine normale Konsequenz aus Liebe. Wo ich »Herzblut« investiere, da bin ich leidenschaftlich engagiert und bemühe mich um ein wesentliches »Mehr«, als es je ein »Muss« einfordern könnte. Spätestens jetzt bin ich aber auf den Nächsten verwiesen. Da kommen die Verwandten in den Blick, vielleicht Arbeitskolleginnen und Kollegen oder Freundeskreis oder Verein oder Kirchengemeinde. Da können überall Nächste sein, aber auch Fernste. Der Nächste im Sinne Jesu hält sich aber dort auf, wo die Kernschatten der Gesellschaft sind: Arme, Kranke, Verleumdete, Gemobbte und wer noch alles in unsere Schattenszene gehört. Die Zuwendung zum Nächsten zeigt sich als ganzheitliches Bemühen, das niemanden von vornherein wegen irgendwelcher Kriterien ausschließen darf.

Sich um ein gutes Leben bemühen; heißt ganzheitlich glauben, hoffen und lieben, leidenschaftlich für den Nächsten und damit auch für sich selbst.

Sind wir doch wieder beim Hochleistungsglauben angelangt? Keineswegs. Denn »deinen« Gott sollst du lieben, sagt das Hauptgebot. »Dein« Gott zeigt sich im Rahmen deiner Möglichkeiten und nicht in fremden Maßstäben. Es kann keinen Menschen geben, der das ewige Leben verfehlt, wenn er sich im Rahmen seiner Möglichkeiten um Gottes- und Nächstenliebe bemüht hat. Wer so lebt, ist ein guter Mensch, unabhängig von messbaren Leistungen. Er wird leben bei Gott in Ewigkeit.

Unsere liebe Verstorbene N. N. kennen wir als eine Frau, die ihr Leben lang bemüht war, ein guter Mensch zu sein. Das Evangelium zeigt uns, wie individuell das aus Glaube, Hoffnung und Liebe gestaltet sein kann.

Wir verweilen dazu einen Augenblick in der Stille im Dank für das Lebenszeugnis von N. N. und gleichermaßen im Dank für das Geheimnis unseres

Glaubens in Kreuz und Auferstehung Jesu Christi, das uns eine ewige Lebensperspektive bei Gott eröffnet hat.

Fürbitten

Herr Jesus Christus,
mit dem Hauptgebot zeigst du die Grundlinien unseres Glaubens. Im Bemühen um ein gutes Leben bitten wir dich:

- Gott lieben heißt glauben. Hilf uns, diese enge Verbindung zum Vater zu pflegen und mit Liebe zu gestalten.

A.: *Wir bitten dich, erhöre uns.*

- Sich um Gottes Liebe mühen heißt hoffen. Lass uns nicht müde werden, seine Gegenwart zu suchen, zu bezeugen und der kommenden Generation zu erschließen.
- Sich dem Nächsten zuwenden heißt Verantwortung tragen. Schenke uns die richtigen Worte, um andere zu trösten.
- Unsere liebe Verstorbene N. N. hat sich immer um ein gutes Leben aus deinem Gebot bemüht. Schenke ihr jetzt Heimat in deinem Reich.

Denn dein ist das Reich und die Kraft und die Herrlichkeit in Ewigkeit.

HEINRICH KLÖPPING

Wer zu mir kommt, wird nie mehr hungern

Schrifttext: Joh 6,35–40

Mögliche Trauersituation: Menschen, die resigniert haben

Ansprache

Das Johannesevangelium entstand in einer Zeit, die schon reich war an christlichen Glaubenserfahrungen und tiefgehenden Gedanken über ihre Bedeutung. Die dort gespiegelte Verfassung der Gläubigen ist alles andere als einheitlich oder geradlinig. Meinungsverschiedenheiten, Spannungen, Konflikte und Resignation prägen das Bild.

Nach Sinn und Gerechtigkeit, nach persönlicher Anerkennung und Heimat im Glauben haben die Menschen Durst und Hunger. Sinnvolle Lebensperspektiven möchten sie – und nicht einfach mit Brot und Spielen abgespeist werden. Viele kommen aus eigener Kraft oder mit Hilfe anderer in tragende Beziehungen. Viele andere haben dieses Glück nicht und resignieren. Ihnen gilt das Wort Jesu zuerst: »Ich bin das Brot des Lebens; wer zu mir kommt, wird nie mehr hungern, und wer an mich glaubt, wird nie mehr Durst haben.«

Menschliche Befindlichkeiten wie Freude, Glück, Hoffnung, Scheitern, Leid, Verzweiflung oder Resignation sind nicht an Jahrhunderte gebunden, sondern an ganz persönliche Lebensschicksale. Sie sind gleichermaßen zeitlos wie grenzenlos. Im Positiven können sie sich maßlos gebärden – im Negativen den Boden unter den Füßen wegnehmen und resignieren lassen.

Jesus selbst ist das nicht fremd, wenn er am Kreuz mit den Worten betet: »Mein Gott, mein Gott, warum hast du mich verlassen?« (Mk 15,34) Die Umstehenden deuten das als Resignation. Doch Jesus zitiert den Psalm 22, der schon gleich in den folgenden Versen aus der Tiefe der Gottesferne herausführt: »Mein Gott, mein Gott, warum hast du mich verlassen, bist fern meinem Schreien, den Worten meiner Klage? Mein Gott, ich rufe bei Tag, doch du gibst keine Antwort; ich rufe bei Nacht und finde doch keine Ruhe. Aber du bist heilig, du thronst über dem Lobpreis Israels. Dir haben unsre Väter vertraut, sie haben vertraut und du hast sie gerettet.« (Ps 22,1–5)

Im Sterben Jesu am Kreuz beginnt die Wende zum Leben. So bezeugt er mit seiner ganzen Existenz und seinem im Gebet gewonnenen Vertrauen, was er vorher verheißen hat: »Ich bin das Brot des Lebens; wer zu mir kommt, wird nie mehr hungern, und wer an mich glaubt, wird nie mehr Durst haben.« (Joh 6,35) Und: »Alles, was der Vater mir gibt, wird zu mir kommen, und wer zu mir kommt, den werde ich nicht abweisen.« (Joh 6,37)

Auch hier werden wir an Glaubenserfahrungen Israels erinnert, wie der Prophet Jesaia es im Lied vom Gottesknecht ausdrückt: »Das geknickte Rohr zerbricht er nicht und den glimmenden Docht löscht er nicht aus.« (Jes 42,3)

So steht Jesus auf solider Basis mit seinem Selbstverständnis: »Es ist aber der Wille dessen, der mich gesandt hat, dass ich keinen von denen, die er mir gegeben hat, zugrunde gehen lasse, sondern dass ich sie auferwecke am Letzten Tag.« (Joh 6,39)

Immer wieder können wir in Situationen geraten, in denen wir vor nicht erreichten Zielen kapitulieren. Enttäuschung stellt sich ein und vielleicht auch Abschied vom ursprünglichen Ziel. Kommt dabei Gott ins Spiel, dann kann sich die Enttäuschung auch auf ihn übertragen. Bohrende Fragen verstärken das: Warum gerade ich, warum jetzt, warum so? Warum hilft Gott denn nicht?

Jesus baut da eine Brücke. Indem er selbst sich im Gebet an die rettenden Taten Gottes erinnern lässt, gestaltet er den Anfang des Weges aus dem Tod hinüber ins Leben, aus der Resignation in neue Hoffnung.

Das ist unsere Überzeugung, aus der heraus wir unser Gemeindeglied N. N. jetzt bei Gott geborgen wissen; denn Jesus selbst hat uns versichert: »Denn es ist der Wille meines Vaters, dass alle, die den Sohn sehen und an ihn glauben, das ewige Leben haben und dass ich sie auferwecke am Letzten Tag.« (Joh 6,40)

Fürbitten

Herr, Jesus Christus, du bist das Brot des Lebens. Wer zu dir kommt, wird nie mehr hungern. So kommen wir zu dir mit unseren Bitten:

- Nimm unsere liebe Verstorbene N. N. an, richte auf, was geknickt war, heile, was verletzt gewesen ist, und stille den Hunger nach ewiger Geborgenheit.

V./A.: Christus höre uns./Christus, erhöre uns

- Am Kreuz hast du jenen Psalm gebetet, der Resignation in Hoffnung wandelt. Stehe allen bei, die schwere Kreuze zu tragen haben und nicht selbst zu neuer Hoffnung finden.
- Es ist der Wille deines Vaters, dass alle, die den Sohn sehen und an ihn glauben, das ewige Leben haben. Schenke den Sterbenden das Vertrauen in deine Ewigkeit.
- »Wer zu mir kommt, den werde ich nicht abweisen.« Verwirkliche diese Verheißung bei allen, deren Glaube trotz aller Resignation du allein kennst.

Herr, Jesus Christus, du bist das Brot des Lebens. Aus dir empfangen wir Kraft zum Leben. Wir danken dir und empfehlen dir unsere lieben Verstorbenen für dein ewiges Reich.

HEINRICH KLÖPPING

Wer glaubt, der hat das ewige Leben

Schrifttext: Joh 6,44–47

Mögliche Trauersituation: Menschen, die nach dem Wort Gottes gelebt haben.

Ansprache

»Wo ich gehe, wo ich stehe, ist der liebe Gott bei mir, wenn ich ihn auch niemals sehe, weiß ich sicher, Gott ist hier!« Dieses naiv klingende Lieblingsgebet ihrer Großmutter hat die Hauptdarstellerin Maria Furtwängler nach ihren eigenen Angaben in den ARD-Zweiteiler »Die Flucht« mit eingebaut, welcher vor Jahren ausgestrahlt wurde. In der Historienproduktion spielt Furtwängler die ostpreußische Gräfin Lena von Mahlenberg, die im letzten Kriegswinter 1944 ihre Familie über das gefrorene Haff von Ostpreußen nach Bayern führt. »Gott ist hier« – kann man im Angesicht von Leid und Vertreibung, von existenziellem Kampf ums Überleben, bei dem auch Frauen, Alte und Kinder betroffen sind, noch von Gott sprechen? Die Frage drängt sich auf: warum lässt Gott das zu? Eine Frage, die sich die Menschheit immer wieder gestellt hat. Krieg, Krankheit, Schmerzen, Tod – wo ist da Gott bzw. warum greift Gott da nicht ein? In einem Interview sprach Furtwängler davon, dass die damalige Welt eine Wertewelt war, man könnte sagen, ein Gegenpol zur heute eher gefühlsbetonten Zeit. Eine Wertewelt, »in der es klare Regeln gab, ein höheres Ziel, das im Zweifel wichtiger als die eigenen Interessen war.«
Wenn wir uns das Leben unseres lieben Verstorbenen anschauen, dann könnten wir sagen, dass dieses Leben auch geprägt war von einem höheren Ziel, es war geprägt von der Sicherheit, dass immer wieder Gott eingreift, dass Gott da ist. Viele Ziele hat N. N. in seinem Leben angestrebt und doch war immer wieder zu spüren, dass das, was wir im Evangelium gehört haben, für unseren Verstorbenen eine große Rolle gespielt hat. Die Botschaft Jesu, sein Evangelium, sein Leben, war für ihn nicht irgendwie nur ein Nachtisch, eine süße Zugabe, sondern lebensnotwendige Mahlzeit. Gott ist jederzeit, wenn auch mit je anderen Mitteln, am Werk, den Menschen aus der Gottferne in die Gottesgemeinschaft zu führen. Somit ermöglicht es

Gott jedem, den Glauben zu erkennen und zum Glauben zu kommen. Gott zu schauen ist den Menschen weder nach dem Alten noch nach dem Neuen Testament möglich, wer aber auf Jesus hört, der wird ganz zuverlässig von Gott belehrt. Ewiges Leben ist somit nicht erst zukünftiges, sondern gegenwärtiges Heilsgut für jeden, der glaubt. Jesus ist für den Glaubenden »Speise der Unsterblichkeit« (vgl. Joh 6,50) – »Brot des Lebens« (Joh 6,35). Als Glaubende benötigen wir immer die Umkehr des Herzens, wir müssen es geschehen lassen, dass Gott uns führt. Dieser Führung hat sich unser Verstorbener immer wieder anheimgestellt, er blieb Zeit seines Lebens »Gottes Schüler«. Immer wieder hat er genau hingehört und die Lehre Jesu Christi für sein Leben angenommen. So dürfen wir in dieser Stunde des Abschieds darauf vertrauen, dass N. N. nun auch bei Gott angekommen ist, dass er nun Gott sehen und schauen darf.

»Wer glaubt, hat das ewige Leben« – unser lieber Verstorbener hat seinen Glauben auch immer als Auftrag verstanden, er hat aus dem Wort des Evangeliums heraus gelebt und auch so immer wieder den Lebenshunger gestillt. Bei Paulus ist zu lesen, dass der neue Leib in der himmlischen Erfüllung keine Schmerzen, keine Kälte, keinen Hunger und keinen Durst mehr kennt, sondern dass wir alle verklärt und verherrlicht sein werden, so wie Jesus selbst nach seiner Auferstehung den Jüngern erschienen ist. Diese Auferweckung am letzten Tag ist auch uns allen von Jesus zugesprochen, ewige Geborgenheit und Heimat bei Gott. Auch wenn wir Gott niemals sehen, so dürfen wir doch wissen, dass er hier ist, mitten unter uns, auch wenn er zunächst unsichtbar für die Jünger ist, die mit ihm auf dem Weg nach Emmaus unterwegs sind; er ist da und geht den Weg mit und lässt sie auch nach seiner Erscheinung nicht allein zurück. Nun wissen sie, was ihr Leben ausmacht und wo sie wirklich angenommen sind.

Wir dürfen vertrauen, dass unser lieber Verstorbener nun auch heimgekehrt ist, dass er ganz angenommen worden ist von unserem Herrn, der gleichsam mit ihm auf dem Weg war und den er immer wieder erkennen durfte als seinen Herrn und Meister. Auch mit dem, was vielleicht in seinem Leben unvollendet geblieben ist, auch mit dem, was vielleicht schwierig war, hat er immer wieder zu diesem Herrn und Meister den Kontakt gepflegt. Er war ein tiefgläubiger Mann, der die Sehnsucht nach der Heimat des Himmels nie aufgegeben hat. Er hat mit seinem Leben immer wieder das verkörpert, dass uns hier auf Erden noch etwas Entscheidendes fehlt, dass wir hier in dieser irdischen Welt unvollkommen und armselig sind. Vielleicht hat unser Verstorbener wie die beiden Emmausjünger immer wieder gebetet: »Herr, bleibe bei mir!« Auch wir dürfen so beten: Herr, bleibe bei uns, auf unserem Weg. (Vgl. Lk 24,29) Öffne uns immer mehr die Augen für das, was wirklich Heimat ist, dass wir erkennen, wie wir ausgerichtet bleiben sollen auf den Himmel, auf unsere Zukunft. Dass wir auch unser gegenwärtiges Leben immer wieder in Frage stellen, dass wir Suchende sind und bleiben, dass wir in aller Heimatlosigkeit und Mobilität, dass wir in aller Oberflächlichkeit und all dem Vordergründigen, dass wir in all den Fragen nach dem Warum und dem Wohin, in aller Unterschiedlichkeit und Gegensätzlichkeit als Christen ausgerichtet sind auf unseren Herrn, der für uns die Erfüllung aller Sehnsucht ist, damit auch wir auf unseren Wegen wissen, auch wenn wir den Herrn nicht sehen, er ist doch hier, mitten unter uns.

»Euer Herz lasse sich nicht verwirren. Glaubt an Gott und glaubt an mich!« (Joh 14,1) N. N. hat sich auf seinem Weg nicht verwirren lassen, er hat auf Jesus gebaut. So dürfen auch wir darauf vertrauen, dass Christus nun unserem Verstorbenen vorangegangen ist, dass er die Welt besiegt hat mit all ihren Ängsten. Er hat unseren Verstorbenen jetzt zu sich geholt in sein Reich, wo es keine Mühsal und Beschwerden mehr gibt. Glaube hat weniger etwas mit dem Wissen zu tun, sondern vielmehr mit Vertrauen, er ist geschenkt. Im Hebräerbrief heißt es: »Glaube aber ist, fest stehen in dem, was man erhofft, überzeugt sein von Dingen, die man nicht sieht.« (Hebr 11,1) Hierin zeigt sich die wohl kostbarste Frucht im Leben unseres Verstorbenen, nämlich sein unerschütterlicher Glaube, seine Gebete, die er immer wieder zum Himmel geschickt hat. So hat er treu den Geist des Evangeliums Jesu Christi weitergetragen in die Welt, in sein konkretes Umfeld. Dafür dürfen wir heute von Herzen danken, dass durch unseren Verstorbenen etwas von der Liebe und Güte Gottes zu uns Menschen gekommen ist und im Vertrauen auf Gottes Barmherzigkeit rufen wir ihm, dem treuen Diener, in dieser Stunde zu: »Geh ein in die Freude deines Herrn!« (Mt 25,21)

Fürbitten

Herr Jesus Christus, wer glaubt und dir in der Mahlgemeinschaft begegnen darf, wird leben, auch wenn er stirbt. Zu dir rufen wir:

- ❍ Für alle Menschen, die an dich glauben: Lass sie immer mehr erfahren, dass du das Ziel ihres Lebens bist.
- ❍ Für alle Menschen, die suchen und fragen: Schenke ihnen Augenblicke der Gnade, in denen sie dich finden.
- ❍ Für alle Menschen, die ihr tägliches Brot nicht mit eigener Kraft verdienen können: Lass sie niemals an ihrer Würde zweifeln.
- ❍ Für alle Menschen, die leiden und oftmals an ihrem Leiden verzweifeln: Ermutige sie in den schweren Stunden ihres Lebens durch Begegnungen mit hilfsbereiten Menschen.
- ❍ Für alle Menschen, die ihr Leben in der Hoffnung auf Jesus, das Brot des Lebens gelebt haben: Sei du ihnen nahe, auch über den Tod hinaus.

Herr Jesus Christus, du bist unsere Zuflucht und unsere Kraft. Begleite uns auf unserem Lebensweg und führe uns zu Gott unserem Vater. Dir sei Dank und Lobpreis, jetzt und in alle Ewigkeit.

VALENTIN ZIEGLER OSB

Du hast Worte ewigen Lebens

Schrifttext: Joh 6,60–69

Mögliche Trauersituation: Menschen, die trotz schwerer Erfahrungen an Gott festgehalten haben

Ansprache

Liebe Schwestern und Brüder,
fallen, stürzen, am Boden liegen das sind zutiefst menschliche Erfahrungen, die wir alle wohl kennen. Wie schwer ist es, danach sich wieder aufzurichten und zu erheben! Manchmal hilft uns dabei ein ermutigendes oder tröstendes Wort, und gleichsam wie von selbst können wir uns wieder aufrichten. Manchmal jedoch hilft kein noch so gut gemeintes Wort, Ermutigungen und Zusprüche sind bedeutungslos. Die Worte bleiben einfach leer und kraftlos. Jetzt, in dieser Stunde, beherrschen Trauer und Kummer unser Empfinden. Unsere Ohren können angesichts des Sterbens und des Todes eines geliebten Menschen keine aufrichtenden Worte annehmen.
Die Bibel kennt solche Momente und Augenblicke nur allzu gut. – Von einer eigenartig beklemmenden Situation haben wir soeben im Johannesevangelium gehört. Jesus von Nazareth ist mit seinen Jüngern und vielen Menschen unterwegs in Galiläa. Dort wird er freudig von den Menschen aufgenommen, die mit ihren Erwartungen und Hoffnungen gekommen sind. Keine leeren Versprechungen oder billige Vertröstungen sind es, auf die die Menschen warten. Sie spüren und erfahren, dass von Jesus eine ungeheure Kraft ausgeht und dass er ihnen etwas zu sagen hat. Seine Worte gehen tiefer, sie sprechen eine große Sehnsucht nach Leben an. Aber mehr noch, Jesus bringt dieses Leben in großem Reichtum zu den Menschen. Die vielen Wundererzählungen im neuen Testament geben ein eindrückliches Zeugnis davon.
Doch seine Worte provozieren auch! Für viele sind es »harte Worte«, die einen Skandal in sich bergen. Wie kann er davon sprechen, dass er das Leben in Ewigkeit bringt? Jesus als Lebensvermittler, der uns ewiges Leben schenkt? – Wer kann solche Worte hören? Menschen wenden sich ab, die Jünger geraten in eine Glaubenskrise!

Kann man es ihnen verdenken? Tun doch auch wir uns schwer mit diesen Worten: der Verheißung auf ewiges Leben. Noch keiner ist zurückgekehrt und konnte uns von dem ewigen Leben berichten. Zweifel und Ungewissheit überkommen uns, denn eine Sicherheit darüber gibt es nicht. Bleibt folglich die christliche Botschaft nicht mehr als eine billige Vertröstung, ein Klammern an eine trügerische Zuversicht, die doch zerbricht?
Glücklich, wer trotz leidvoller Erfahrungen und unerfreulicher Erlebnisse an Gott festhalten kann. N. N. war so jemand.
(Hier können biographische Angaben vom Verstorbenen erfolgen.)
Liebe Trauerfamilie,
Worte, unsere Worte, können eine ungeheure Bedeutung entfachen. Vielleicht ist Ihnen noch ein Wort des Verstorbenen in Erinnerung, welches ganz tief in Sie hinein gefallen ist und eine große Freude ausgelöst hat? – Solche Ereignisse kann einem niemand mehr nehmen, sie bleiben aufgehoben in der Erinnerung und tief eingeprägt in Ihrem Gedächtnis.
Solche Worte von besonderer Bedeutung waren es auch, welche die Jünger erfüllt haben. Sie ahnten nicht nur, nein, sie wussten vielmehr, dass Jesus Christus gekommen ist, um den Menschen die Worte des Lebens zu schenken. Der Apostel Petrus macht sich zum Wortführer der ganzen Jüngergemeinde und spricht aus, was alle erkannten: »Herr, zu wem sollen wir gehen? Du hast Worte des ewigen Lebens.« (Vers 68)
Das Sterben, der Tod haben für uns Menschen nicht mehr das letzte Wort über das Leben. In Jesus Christus kommt uns der Sieger über den Tod entgegen. Die endgültige Macht ist dem Tod durch die Auferstehung Jesu genommen worden. Er selbst ist durch den Tod hindurchgeschritten zum Leben, zum ewigen Leben. In diese Kraft hat er uns Menschen hineingenommen und wird uns in das himmlische Reich seines Vaters führen, wo Leben sein wird in alle Ewigkeit.
In dieser Gewissheit dürfen wir heute Abschied nehmen von dem Verstorbenen. Die Trauer und der Schmerz bleiben und drücken tief. Doch im Glauben können wir hoffnungsvoll und zuversichtlich bekennen, dass unser Verstorbener zu niemand anders gegangen ist als zu Gott, der das ewige Leben bereit hält. Denn wohin sollten wir sonst gehen?

Fürbitten

Herr Jesus Christus, du bist der Heilige Gottes, du sprichst uns das Wort des ewigen Lebens zu. In dieser Stunde der Trauer und des Abschieds kommen wir mit unseren Anliegen zu dir:

- Wir vertrauen dir unseren Verstorbenen N. N. an. Halte du für ihn das Wort des ewigen Lebens bereit und nimm ihn so auf in deine Heimat.

A.: Christus, höre uns.

- Wir empfehlen dir alle an, die um den Verstorbenen trauern. Schenke ihnen auf dem Weg des Abschiednehmens Worte des Trostes und der Ermutigung.
- Wir bitten dich für alle, die durch Worte schwer verletzt worden sind in ihrem Leben. Bewahre sie vor Verbitterung und öffne ihnen das Herz zur Versöhnung.
- Wir schauen auf alle, für die der christliche Glaube Anstoß und Ärgernis ist. Bereite du den Weg für die frohe Botschaft und erwecke die Sehnsucht nach deinem Wort.
- Wir bitten dich für alle Menschen in Kriegsgebieten, die durch Gewalt und Terror bedroht sind. Stärke alle, die durch Verhandlungen den Weg ebnen für ein friedliches Miteinander.

Herr Jesus Christus, du hast den Tod besiegt und in deiner Auferstehung allen Menschen das Tor zum ewigen Leben geöffnet. Wir danken dir, jetzt und alle Tage unseres Lebens bis in Ewigkeit.

Gebet

Herr, unser Gott, in deinem Sohn Jesus Christus hast du uns ewiges Leben verheißen. Auf sein Wort hin vertrauen wir und gehen zuversichtlich unseren Weg in die Zukunft.

Nun müssen wir Abschied nehmen von N. N. Auf erfüllte Tage dürfen wir mit ihm zurückschauen. Dankbar behalten wir das Gute in Erinnerung. Was noch unerfüllt blieb, empfehlen wir deiner Barmherzigkeit an und bitten dich: Beschenke den Verstorbenen mit ewigen Leben in deiner Herrlichkeit, wo es einst ein Fest des Wiedersehens geben wird.

Darum bitten wir durch Christus, unseren Herrn.

HOLGER WINTERHOLER

Ich bin die Auferstehung und das Leben

Schrifttext: Joh 11,17–27

Mögliche Trauersituation: Menschen, die plötzlich gestorben sind

Ansprache

Verehrte Trauerfamilie, geehrte Trauergemeinde, liebe Schwestern und Brüder!

»Herr, wärst du hier gewesen, dann wäre mein Bruder nicht gestorben.« Spricht uns Marta mit diesem Wort nicht zutiefst aus der Seele? Ist uns dieses »wenn, dann wäre nicht ...« in den letzten Tagen nicht oft durch den Kopf gegangen? Fasst dieses Wort nicht sehr treffend unser Erleben zusammen: das Aufbäumen unseres Herzens gegen dieses plötzliche Sterben, gegen den jäh eingetretenen Tod, gegen eine Wirklichkeit, die wir nicht akzeptieren wollen, die wir noch gar nicht anerkennen können?

Marta spricht diese Worte Jesus gegenüber aus, im Blick auf ihren toten Bruder. Das macht es noch gewichtiger, noch erschütternder: »Herr, wärst du hier gewesen, dann wäre mein Bruder nicht gestorben.«

Das heißt ja nichts weniger als: »Dann würde er noch leben.« »Wärest du hier gewesen!« Aber er war nicht hier, so könnte man entgegenhalten, und Lazarus ist tot. Auch Marta selbst setzt ihrem Schmerz, ihrer Klage, ihrer Trauer ein »aber« entgegen. Es ist nicht weniger provokant: »Aber auch jetzt weiß ich: Alles, worum du Gott bittest, wird Gott dir geben.« Sie spricht ihr »aber« aus im Blick auf Jesus, im Vertrauen auf die Kraft seiner Bitte. Es ist kaum fassbar, was sie hier sagt und ausspricht, die Frau, die ihren Bruder betrauert. Denn es scheint alles zu übersteigen, was Menschen beim Tode eines geliebten, eines nahestehenden Menschen erleben, es scheint jede Erfahrung der Trauer um einen Verstorbenen zu sprengen.

»Aber auch jetzt weiß ich: Alles, worum du Gott bittest, wird Gott dir geben.« Hören wir noch einmal hin und überhören wir es nicht: Marta spricht keine konkrete Bitte aus, auch nicht die nächstliegende. Nein, sie glaubt an die Kraft seines Gebetes und baut darauf: »Alles, worum du Gott bittest, wird Gott dir geben.« »Dein Bruder wird auferstehen«, antwortet ihr Jesus.

Und Marta greift sein Wort in der Hoffnung ihres Glaubens auf: »Ich weiß, dass er auferstehen wird bei der Auferstehung am Letzten Tag.«

Was dann folgt, ist wie ein Evangelium im Evangelium und eine Kurzformel des Glaubens, angesichts des Ernstfalles des Lebens, im Angesicht des Todes:

»Jesus erwiderte ihr: Ich bin die Auferstehung und das Leben. Wer an mich glaubt, wird leben, auch wenn er stirbt, und jeder, der lebt und an mich glaubt, wird auf ewig nicht sterben. Glaubst du das? Marta antwortete ihm: Ja, Herr, ich glaube, dass du der Messias bist, der Sohn Gottes, der in die Welt kommen soll.«

»Wer an mich glaubt, wird leben, auch wenn er stirbt.« Dieses Wort, liebe Schwestern und Brüder, dieses Wort gilt heute uns. Es ist der Kern der verkündigten Botschaft, ist Frohbotschaft an uns in dieser Stunde der Trauer und des Abschieds. »Wer an mich glaubt, wird leben, auch wenn er stirbt.« Dieses Wunder, das Wunder der Auferstehung im Glauben will uns das Evangelium durch das Gespräch der Marta mit Jesus verkünden. Es leugnet nicht die menschliche Not des Sterbens, es nimmt der Trauern nicht den Schmerz der endgültigen Trennung, es bewahrt uns nicht vor dem Tod, nicht vor der kreatürlichen Angst vor ihm. Aber es sagt uns: der Tod hat nicht das letzte Wort. Es sagt uns, wer an Jesus glaubt, ist schon »aus dem Tod ins Leben hinübergegangen« (Joh 5,24). Weil aber Jesu Wort heute uns gilt, stellt er auch uns wie an Marta die Frage: »Glaubst du das?«

»Wer an mich glaubt, wird leben, auch wenn er stirbt, und jeder, der lebt und an mich glaubt, wird auf ewig nicht sterben.« Liebe Schwestern und Brüder, in dieser Stunde des Abschieds lädt uns das verkündigte Wort aus dem Johannesevangelium ein, für N. N. zu hoffen, dass sie »aus dem Tod ins Leben hinüber gegangen« ist.

Es lädt uns ein, in der Trauer einander zu stützen, einander helfend beizustehen, Trost zu werden füreinander. Und nicht zuletzt lädt es uns ein, angesichts des Todes, der auch uns einmal ereilen wird, uns zum Leben ermutigen zu lassen durch den, der von sich sagt »Ich bin die Auferstehung und das Leben«, und auf sein Wort zu bauen: »Jeder, der lebt und an mich glaubt, wird auf ewig nicht sterben.«

Fürbitten

- Für N. N., die der Tod so plötzlich und unvermittelt aus dem Leben gerissen hat. Wir bitten Gott, dass er selbst vollende, was nach menschlichem Ermessen unvollendet blieb in ihrem Leben.
- Wir beten für alle, deren Leben dieser Tod erschüttert und die um N. N. trauern. Und wir bitten, dass das Wort des Evangeliums Mut schenke, sich dem anzuvertrauen der sagt: »Wer an mich glaubt, wird leben, auch wenn er stirbt.«
- Für alle, die jetzt den Angehörigen von N. N. in besonderer Weise ihre Aufmerksamkeit und Fürsorge schenken. Wir bitten um Kraft für sie und den rechten Blick dafür, wessen die Trauernden und sie selbst in dieser Lebenslage bedürfen.
- Für uns selbst bitten wir, dass wir uns durch die Erfahrung des plötzlichen Todes aufrütteln lassen, uns auf unser Leben zu besinnen. Bitten wir, dass wir die Stunden und Tage unseres Lebens als Geschenk begreifen und in dieser Haltung leben lernen.

KLAUS M. SCHWEIGGL SJ

Meinen Frieden gebe ich euch

Schrifttext: Joh 14,27–29

Mögliche Trauersituation: Menschen, die friedlich eingeschlafen sind

Ansprache

Mit den Worten, die wir eben gehört haben, nimmt Jesus Abschied von seinen Jüngern. Es ist der Abend vor seinem Tod. Die Nacht bricht bereits an. Jesus weiß, dass er sterben wird, und auch die Jünger ahnen, dass Jesus sie nun bald verlässt. Sie sind traurig und haben Angst vor dem Abschied. Jesus versucht seine Freunde zu trösten. Er möchte Ihnen Mut machen: »Euer Herz beunruhige sich nicht und verzage nicht.«
Liebe Angehörige, auch Sie wussten, wie es um N. N. stand. Sie ahnten, dass der Abschied nun bald bevorsteht. Am Ende eines langen Lebens, mit vielen schönen, aber schließlich auch mit manch schweren Stunden, wurde Ihnen immer mehr bewusst, dass die Lebenszeit von N. N. zu Ende geht. Eindrücklich haben Sie mir geschildert, wie Sie diesen Weg gemeinsam gegangen sind.
(Hier können persönliche Erlebnisse und Lebensdaten eingefügt werden).
Was wird nun sein? Jesus sagt: »Frieden hinterlasse ich euch, meinen Frieden gebe ich euch.« Und er fügt hinzu: »Nicht einen Frieden, wie die Welt ihn gibt, gebe ich euch.« Der Friede, von dem Jesus spricht, ist mit seinem Namen und mit seiner Person verknüpft. Dieses Wort vom Frieden ist gleichsam eine Summe seines ganzen Lebensweges. Darauf kam es ihm letztlich an: durch seine Worte und Taten Frieden zu schenken. Er hat Menschen angenommen, so wie sie sind, mit ihren starken und ihren schwachen Seiten. Er hat Trost, Heil und Vergebung geschenkt. Wer ihm begegnete, wer ihn hörte, konnte dies erfahren. Die Begegnung mit Jesus hat Menschen verändert.
Auch seine Jünger hatten diese bestärkenden Erfahrungen gemacht und sind daher traurig, dass dies nun vorbei sein soll. Was die Jünger am Abend des Abschieds weder wissen noch glauben können, wird aber bald schon Wirklichkeit werden. So wie alle Toten wird Jesus ins Grab gelegt. Aber der Tod kann ihn nicht festhalten. »Ihr habt gehört, dass ich zu euch sagte: Ich

gehe fort und komme wieder zu euch zurück.« Vermutlich haben die Jünger am Abend des Abschieds den Sinn dieser Worte noch nicht verstanden. Wenig später haben sie es erfahren. An Ostern wird ihnen Jesus als der Auferstandene, als der Lebendige, begegnen. »Jetzt schon habe ich es euch gesagt, bevor es geschieht, damit ihr, wenn es geschieht, zum Glauben kommt.« Die Worte des Auferstandenen werden die Jünger daran erinnern. »Friede sei mit euch«, das werden an Ostern seine ersten Worte an die Jünger sein.

Liebe Angehörige, diese Ostererfahrung steht uns noch bevor. Wir sind erst auf dem Weg zum Grab, um von N. N. Abschied zu nehmen. Wir sehen noch nicht das Licht des Ostermorgens, in das N. N. nun getreten ist. Trauen wir auf diesem Weg dem Wort Jesu, dass er uns einen Frieden schenken will, den die Welt nicht geben kann. Eine Vorahnung dieses künftigen Friedens haben Sie selbst schon gespürt, wie Sie berichteten; als N. N. ganz sanft und friedlich eingeschlafen war und auf seinem Gesicht ein großer Friede ruhte. Gott ist treu. Er nimmt die Seinen zu sich und führt sie in das Leben mit ihm. So hoffen und vertrauen auch wir, dass N. N. nun in dieses neue Leben hinübergegangen ist und in Gottes Frieden lebt.

Fürbitten

Jesus sagt: »Frieden hinterlasse ich euch, meinen Frieden gebe ich euch.« Ihn bitten wir:

- Für N. N., den wir heute zu Grabe tragen. Führe ihn in deinen Frieden und schenke ihm das ewige Leben.
- Für die Angehörigen, die um N. N. trauern. Stehe ihnen bei in den Stunden des Abschieds und lass sie von neuem deinen Frieden erfahren.
- Für alle Menschen, die um einen lieben Verstorbenen trauern. Gib ihnen Hoffnung und Zuversicht durch deine Auferstehung.
- Für uns alle, die wir dem Tod entgegen gehen. Lass uns wachsen im Glauben und in der Liebe zueinander.

Barmherziger Gott, dein Sohn Jesus Christus hat den Tod auf sich genommen, damit wir den Weg zum Leben und zum Frieden finden. Dafür danken wir dir, heute und alle Tage unseres Lebens.

ADRIAN WARZECHA

Bleibt in meiner Liebe

Schrifttext: Joh 15,1–5.9–12

Mögliche Trauersituation: Menschen, die viel Liebe geschenkt haben

Ansprache

»Noch mal leben vor dem Tod« – so lautet der Titel einer Ausstellung, die jahrelang an verschiedenen Stellen in Deutschland zu sehen war. Bei dieser Ausstellung wurden Bilder von toten Menschen gezeigt, die am Lebensende standen, es wurde deren Geschichte erzählt, es wurden die Gesichter gezeigt der Lebenden und dann der Toten. »Noch mal leben!« Vielleicht haben Sie, liebe Angehörige, in den letzten Wochen des Lebens unserer Verstorbenen noch einmal vieles mit ihr bedacht, vieles an ihr entdeckt, vieles nochmal mit ihr durchlebt. Mit all dem, was N. N. ausmachte, mit dem, was ihr wichtig war. Könnte nicht nach dem Tod, nach dem Verlust ihres Lebens die Frage aufkommen nach der tiefen Sehnsucht eines jeden Menschen nach Leben, einer Sehnsucht, die in unserem Herzen steckt, nach Leben, das uns ganz durchdringt? Ist es eine Sehnsucht, die ins Leere geht und die im Nichts endet?

»Ich bin der Weinstock, ihr seid die Reben. Wer in mir bleibt und in wem ich bleibe, der bringt reiche Frucht; denn getrennt von mir könnt ihr nichts vollbringen.« Wer mit dem Weinstock Jesus in ständiger Verbindung bleibt, wer sich von ihm immer wieder neue Lebenskraft holt, der stirbt nicht ab, der wird fähig, Frucht zu bringen. Roger Schutz, der verstorbene Prior von Taizé, erklärt dieses Fruchtbringen so: »Was immer wir tun, ob wir gescheite Professoren, einfallsreiche Erfinder oder herausragende Künstler werden, deren Werke die Welt bewundert, am Abend unseres Lebens zählt nur die Liebe«. Die Eintrittskarte zum großen und ewigen Fest, das Gott uns allen bereitet, ist die Liebe, die wir anderen, ohne Gegengabe, geschenkt haben. Diese Liebe lässt Jesus, der Weinstock, in uns heranwachsen, wenn wir die Verbindung zu ihm nicht trennen. »Bleibt in meiner Liebe« – immer wieder hören wir im Johannesevangelium vom »Bleiben«, dass wir in der Liebe Gottes bleiben sollen. Bei allen Fragen nach Gott, bei allem, was wir nicht verstehen können, was uns schwerfällt zu glauben, bei allen ungeklärten Fragen und dem Nicht-verstehen-können, bei all dem dürfen wir doch nicht übersehen, dass uns eine große Sehnsucht ins Herz gegeben worden ist, um uns wachzuhalten für die große Fülle des Lebens, die uns geschenkt wird. Die Sehnsucht soll in uns wach gehalten werden, damit wir uns nicht mit Vordergründigem und kleinen Erfüllungen des Lebens zufrieden geben.

Die Abschiedsrede Jesu im Johannesevangelium ist geprägt von der Erfahrung der Trennung, des Weggangs und der Abwesenheit Jesu. Der Abschied ist unausweichlich und doch gilt es, eine Entscheidung zu treffen. Die Jünger bleiben nicht einfach ohnmächtig und verlassen zurück, sie sind gefordert und aufgefordert, mit Jesus verbunden zu bleiben. So wie in der Bildrede vom Weinstock und den Rebzweigen, so fordert Christus uns auf, seine Gebote zu halten, damit wir auch in seiner Liebe bleiben. Wir sollen unser Leben am Wort und der Tat Jesu ausrichten. So wie Christus selbst die Gebote Gottes gehalten hat und in der Liebe Gottes geblieben ist, so fordert er seine Jünger nun auf, es ihm nachzutun. Wer sich in der Liebe Jesu weiß und damit in der Liebe Gottes, der hält die Gebote in Liebe oder aus Liebe: »Liebt einander, so wie ich euch geliebt habe.« Die Liebe untereinander ist also die Frucht des Bleibens bei Jesus; die Verbundenheit Jesu mit den Seinen, die er »Freunde« nennt, ist die Liebe. Unsere liebe Verstorbene hat dies in ihrem Leben immer wieder gespürt und sie hat viel Liebe geschenkt, sie hat gespürt, dass Freundschaft und Liebe ohne das Bleiben, ohne Verlässlichkeit und ohne Treue, nicht zu gewinnen sind. Im Sinne Jesu von Liebe zu sprechen, das bedeutet, die Gebote zu achten, um wirklich leben zu können, bereit sein, sein Leben hinzugeben und schließlich Frucht zu bringen in seinem Leben. Wenn Liebe echt sein soll und stark und dauerhaft, dann muss sie sich auch ganz hingeben, sich ganz schenken.

»Bleibt in meiner Liebe!« Bleibt! Das gängige Lebensgefühl heute weist in eine ganz andere Richtung, Veränderung ist gefragt, Mobilität, Beweglichkeit ist Trumpf, das Neue ist das Bessere. Noch größer, noch schneller, noch mehr. Wie beweglicher wir jedoch werden und je mehr wir unterwegs sind, desto stärker bricht die Frage auf: Wo gehöre ich eigentlich hin? Wo kann ich bleiben? Wer vorankommen will, braucht den Schutz dessen, der bei ihm bleibt, ihm den Rücken freihält, der zu ihm steht. Es ist wie beim Weinstock: Weinstock und Rebe gehören zusammen wie Wurzel und Wachstum, Baum und Frucht, das ist eine lebendige Einheit. Ohne Verbindung mit dem Stamm wird der Rebenzweig saft- und kraftlos. Der Lebensstrom ist an den Wurzelgrund gebunden, an den festen Standort. Man muss einen Standpunkt haben, um überhaupt aufbrechen zu können, und so brauchen wir immer wieder den Weg nach innen, um draußen Veränderungen bewirken zu können. Diesen inneren Weg hat N. N. immer wieder gesucht, und so konnte sie in der Liebe bleiben.

Wo wir hinschauen, wird uns erklärt, dass die Menschen die Liebe brauchen und suchen. Die Psychologie, die Medizin, die Soziologie, die Pädagogik – alle Humanwissenschaften haben den Liebeshunger des Menschen längst erkannt. Natürlich kennen wir auch das andere, dass es Einstellungen und Orientierungen der Lebensgestaltung gibt, die die Erfahrung von Freundschaft, Liebe und Gemeinschaft schwerer, vielleicht sogar unmöglich machen. Zugleich gibt es aber eine große Sehnsucht, dass Liebe gelingen möge. Alles, was ihr braucht, ist Liebe – so ruft uns Jesus heute im Evangelium zu. Wenn wir uns heute zur Beisetzung unserer lieben Verstorbenen zusammengefunden haben, dann setzen wir analog ihres Lebens ein Zeichen. Entgegen der Kultur des Todes leben wir die Kultur der Liebe, die Kultur der Liebe Gottes zu ihr und untereinander. Wenigstens stückweise möchte diese Kultur zur Welt kommen, ohne viel Aufhebens geschieht dieses Wunder auch schon in vielen Familien, in vielen Krankenzimmern, an unzähligen Rollstühlen, im Angesicht von Tränen und leer gewordenen Augen. Manchmal sogar erleben wir dies im gewöhnlichen Alltagsleben, in unserer Arbeit, in dem Umfeld, in dem wir leben, dort wo wir uns einbringen, wo wir verstanden und angenommen sind.

»Gott hat uns zuerst geliebt« (vgl. 1 Joh 4,19)– so sagt es der erste Johannesbrief. Jesus selbst will als guter Weinstock Mittler des neuen Bundes sein. Wer mit ihm Gemeinschaft hat, der hat das Leben, wer in ihm bleibt und an seinem Wort festhält, dessen Leben ist fruchtbar und bleibt fruchtbar über den Tod hinaus. In dieser Zuversicht und in diesem Vertrauen hat N. N. gelebt, hat sie auch noch einmal ganz intensiv vor dem Tod gelebt. So ist sie nun eingegangen in die himmlische Erfüllung, in die ewige Liebe bei Gott. Und das ist auch die Zusage an uns alle, bei aller vielleicht menschlichen Enttäuschung, bei allem nicht mehr Weiterkönnen, dass wir doch darauf vertrauen können, dass einer ganz bestimmt da ist, der uns seine Freunde nennt und der zu uns steht, dessen Liebe unerschöpflich ist, wenn wir in ihm bleiben.

Fürbitten

Herr Jesus Christus, du hast gesagt, dass du der Weinstock bist und wir sind die Reben. An dir, dem festen Stamm, wollen wir uns ausrichten und dich bitten wir voll Vertrauen:

- Du bist unsere Kraft. Lass uns die stärken, die sich selbst nichts mehr zutrauen.
- Du bist unsere Nahrung. Lass uns die sättigen, die hungern nach dem Wort des Lebens und der Geste der Zuneigung.
- Du bist unser Leben. Lass uns denen Freude bringen, die sich selbst schon aufgegeben haben.
- Du bist unser Friede. Lass die Menschheit allen Streit und Hass überwinden und führe die Völker immer mehr zur Einheit.
- Du bist die Liebe. Lass uns immer wieder Wege finden zu den Enttäuschten und Verbitterten, zu denen, die alleine gelassen sind und die sich ungeliebt fühlen.
- Du bist unsere Hoffnung. Lass unsere Verstorbene nun mit allen Toten in deiner ewigen Liebe geborgen sein.

Denn in dir, guter Gott, wollen wir bleiben. Hilf du uns, dass wir Frucht bringen, so, wie es uns dein Sohn Jesus Christus mit seinem Leben gezeigt hat. Auf dich, oh Herr, verlassen wir uns, jetzt, bis hinein in die Ewigkeit.

VALENTIN ZIEGLER OSB

Vater, ich will, dass alle, die du mir gegeben hast, dort bei mir sind, wo ich bin

Schrifttext: Joh 17,24–26

Mögliche Trauersituation: Menschen, die früh verstorben sind

Ansprache

Für jeden Verstorbenen, dem wir die letzte Ehre geben, ist die Frage des Todes gelöst. Er ist über der Grenze, jenseits des Stromes, wo man weiß, schaut und erlebt, was immer es auch sein mag. Jesus nennt es in seinem Gebet im Johannesevangelium »Herrlichkeit«.

Das Problem des menschlichen Verlustes und des Todes stellt sich aber für uns, die Lebenden. Wir, die Hinterbliebenen, müssen damit fertigwerden. Wir müssen uns der Trauer stellen, wenn wir das letzte irdische Wegstück unserer Verstorbenen mitgehen. Wir haben unser Sterben noch vor uns, und dieser Tatsache müssen wir nüchtern ins Auge blicken. Es gibt unausweichlich die Endstation hier auf Erden, ob sie uns zeitlich nahe ist oder fern.

Fern oder gar nahe? Der Tod hat zu allen Zeiten betagte wie junge Menschen getroffen. Aber gerade, wenn uns scheint, es sterbe jemand vor der Zeit, argumentieren wir und wünschen, das Menschenleben sollte sich doch vollenden können; was immer wir auch darunter verstehen mögen. Wäre dann also ein Leben, das 70 oder 80 Jahre dauert, mehr wert, vollendeter und besser als ein kurzes? Wäre dann ein tätiges Leben, ein Leben im Arbeitsprozess wertvoller als eines in der Vorbereitung darauf? Hätte die Zeit des Heranwachsens und Reifens weniger Sinn als ein, wie man so sagt, »erfülltes Leben«? Aber was ist denn Erfüllung, und ab wann ist das Leben erst wirklich seinen Namen wert? Sinn und Wert unseres Lebens, wann und nach wie langer Zeit stellt er sich ein?

Je früher ein Mensch von uns geht, umso dringlicher erhebt sich diese Frage. Hat mein Leben jetzt einen Sinn? Weiß ich, wofür ich lebe, arbeite und worauf hin ich da bin? Kein Mensch, der sich seiner selbst bewusst geworden ist, kommt an diesen Fragen vorbei. Aber keiner von uns kann auch selbst seinem Leben den letzten Sinn geben. Wir können ihn jedoch

entdecken, wir können ihn finden. Und Sinn im Leben kann in jedem Augenblick liegen. Denn unserem ganzen Leben gilt die Liebe Gottes, die uns durch Jesus Christus gegeben ist. So sagt er es selbst zu seinen Jüngern kurz vor seiner Passion. Wir haben diesen Abschnitt aus dem Johannesevangelium vorhin gehört. Mehr können wir als Menschen nicht empfangen als Gottes Liebe, die in uns ist. Sie durchzieht unser ganzes Dasein. Unser Leben in diesem Licht ist zudem unwiederholbar in jedem seiner Augenblicke. Und so sind wir genau genommen zumindest untergründig mit dem Sterben und Vergehen im Leben vertrauter, als uns dies gewöhnlich bewusst ist.
Wir müssen immer wieder etwas im Leben endgültig lassen, – die Kindheit, die Jugendphase, die frühlingshafte Liebe, die Lehr- und Studentenjahre und Weiteres in dieser Art des Lebenslaufes. Alle diese Abschnitte haben ihre Gültigkeit, haben ihren eigenen Wert und ihre Notwendigkeit. Und sie führen den Menschen immer wieder durch Übergänge zu einer neuen Phase. Jedem der Geschöpfe Gottes ist wenigstens schon eine Ahnung eingestiftet, dass wir an Übergängen des Lebens zwar etwas lassen müssen, aber dass wieder eine Türe aufgeht und etwas Neues an Leben vor uns steht. Für uns Christen gibt es auch die Übergänge und Entwicklungen im Glauben an Jesus Christus und in der Erkenntnis seines Lebens und Wirkens für uns. Im steten Kontakt mit ihm können sich aber die Schatten unseres Glaubens und Zweifelns langsam lichten. An seinem Leben werden wir immer deutlicher erkennen, dass uns das Leben entgegenkommt, wann immer wir dem Leben dienen.
Jesus sagt im Johannesevangelium von seinen Jüngern, dass sie ihn erkannt haben. Zu diesem Zeitpunkt, als er das vor ihnen ausspricht, haben sie die Jahre seines öffentlichen Wirkens hinter sich. Das Ende steht bevor, obwohl Jesus erst ungefähr 33 Jahre alt ist. Sie kennen den Zauber seines ersten Auftretens, das Staunen über seine Botschaft, das Erleben der heilenden Begegnungen mit so vielen Menschen, aber auch die Erfahrung von Widerständen und Anfeindungen. Jedoch durch alles hindurch klingt wie ein Echo ein Satz, den die staunenden Zeugen nach der Heilung eines taubstummen Menschen gesagt haben: »Er hat alles gut gemacht.« (Mk 7,37) Mit dieser Erfahrung zusammen steht auch der Satz Jesu an Gott den Vater nochmals in einem anderen Licht: »Vater, ich will, dass alle, die du mir ge-

geben hast, dort bei mir sind, wo ich bin. Sie sollen meine Herrlichkeit sehen, die du mir gegeben hast.«
Darum ist ein Leben gleich wertvoll, ob es ein langes oder kurzes, nach menschlichem Urteil erfülltes oder ein noch auf Erfüllung hoffendes ist.
Erfahrungen mit Gott sagen dem Menschen: Es gibt vor allem eines, was den Tod überdauert: Das ist die Liebe, die wir geben, die Liebe, die wir empfangen, und die Liebe, die in uns fortlebt. Das ist in jedem Falle die Liebe Jesu Christi. Da uns also nichts scheidet von der Liebe Gottes, die er uns in Jesus Christus gibt, wird uns im Tod das Leben nicht genommen, sondern gewandelt und vollendet.

Fürbitten

Herr Jesus Christus, deine Liebe zu den Menschen reicht über alle Gräber hinaus. Du lässt uns nicht im Tod, sondern schenkst uns Anteil an deinem Leben in der Herrlichkeit. Darum bitten wir:

- Für unsere Verstorbenen: Schenke ihnen alle Liebe, die wir ihnen nicht mehr geben können, lass sie bei dir geborgen und glücklich sein.

V./A.: Christus, höre uns Christus, erhöre uns!

- Für alle Menschen, die trauern: Lass sie Kraft finden, den Schmerz in ihrem Leben zu bewältigen, tröste und segne sie.
- Für alle, die vom Tod eines nahen Menschen betroffen sind: Lass sie nicht vergeblich auf Trost warten. Heile ihren Schmerz, schenke ihnen Glauben an dich und gib ihnen Zuversicht.
- Für uns selbst: Lass uns unser Leben als Gabe und Aufgabe begreifen. Lass uns unseren eigenen Tod nicht als Ende verstehen, sondern als Übergang zum endgültigen Leben bei dir.

Du, Herr Jesus Christus, bist unsere Hoffnung, du unser Anwalt bei Gott. Dank sei dir und Ehre, heute und alle Tage und bis in Ewigkeit.

JOHANNES JERAN SJ

Frau, warum weinst du?

Schrifttext: Joh 20,10–19

Mögliche Trauersituation: Menschen, die anderen sehr nahe standen

Ansprache

Es gibt wenig im Leben, was uns so sehr schmerzt und traurig stimmt wie der Tod eines geliebten Menschen. Es ist bitter und schwer, von einem Menschen Abschied zu nehmen, dem wir sehr nahe gestanden sind, mit dem wir einen großen Teil unseres Lebensweges gemeinsam gegangen sind, mit dem wir unsere persönlichsten und glücklichsten Stunden geteilt haben. Der Tod nimmt uns das Liebste weg, das wir im Leben hatten. Wir werden nicht gefragt, ob es Zeit für den Abschied war und ob wir bereit dazu waren. Wir müssen loslassen, ob wir wollen oder nicht. Unser Herz wehrt sich gegen das Loslassenmüssen. Viele Fragen drängen sich auf: Warum nur dieses Leid? Warum nur dieser Schmerz? Warum so viel Trauer in unserem Leben?

In dieser bedrückten und aufgewühlten Situation befand sich auch Maria von Magdala am Grab Jesu. Die Bibel gibt uns in einfühlsamer Weise einen Einblick in ihre Trauer und ihren Schmerz. Maria von Magdala gehörte zu den Frauen, die Jesus sehr nahe standen und ihm tief verbunden waren. Sie hatte in Jesus den gefunden, der ihre tiefste Sehnsucht verstand und sie ohne Vorbehalte angenommen hatte. Bis in die bitteren Stunden seines Leidens und Sterbens am Kreuz hatte Maria von Magdala ihm die Treue gehalten. Ohnmächtig und traurig weint sie nun an seinem Grab. Sie weint um den Menschen, der ihr am liebsten war. Sie weint um das, was unwiederbringlich verloren ist. Wenigstens an seinem Grab will sie ihm noch nahe sein. Maria beugt sich in die Grabkammer hinein, so groß ist ihre Sehnsucht nach dem, den ihre Seele liebt.

Wir können die Gefühle und Gedanken von Maria gut verstehen und nachempfinden. Nicht nur die Verstorbenen sind im Tod einander gleich. Auch wir, die wir trauern, befinden uns in einer vergleichbaren Lage und empfinden einen ähnlichen Schmerz. In diesen Tagen mussten Sie Abschied nehmen von N. N. Einfühlsam haben Sie mir erzählt, wie Sie diesen Weg gegangen sind.

(Hier kann die persönliche Trauersituation und der Lebensweg der Verstorbenen eingefügt werden.)

Liebe Angehörige, angesichts Ihrer Trauer und des Abschieds von N. N. habe ich die Worte und Bilder des Evangeliums vor Augen. Aus menschlicher Perspektive bedeutet der Tod das Ende unseres Lebens, und das Grab wird zur letzten Station auf unserem Lebensweg. Die Bibel führt uns aber noch eine andere Perspektive vor Augen. Sie betrachtet unser Sterben gleichsam mit den Augen Gottes und weiß um die Möglichkeiten, die ihm gegeben sind. Im Moment ihrer tiefsten Trauer erfährt sich Maria von Magdala von Gott her angesprochen: »Frau, warum weinst du?« – In der Sprach- und Bildwelt der Bibel sind es Engel, die als Boten Gottes Maria in ihrer Trauer anrühren. Ihre Frage klingt ungewöhnlich und irritierend. Es ist doch offensichtlich, warum Maria weint. Die Frage ist sicher nicht als Vorwurf zu verstehen, so als ob Maria nicht weinen dürfe. Aus menschlicher Sicht hat sie allen Grund dazu. Und doch will diese Frage Maria ein Stück weit herausholen und für eine neue und andere Sichtweise öffnen. Das geht nicht in einem Zug. Maria ist in ihren Gedanken noch ganz an das Grab gebunden: »Man hat meinen Herrn weggenommen, und ich weiß nicht, wohin man ihn gelegt hat.« – Selbst als sie sich vom Grab wegwendet und Jesus vor ihr steht, rechnet sie wohl nicht mit ihm und erkennt ihn nicht. Und auch Jesus sucht sie mit seinen Fragen aus ihrer Trauer zu führen: »Frau, warum weinst du? Wen suchst du?« Doch Maria erkennt Jesus nicht. Zu sehr scheint ihr Blick von der Trauer und den Tränen getrübt.

Da spricht Jesus sie ganz vertraut mit ihrem Namen an: »Maria!« Erst in diesem Augenblick beginnt Maria zu begreifen. Sie erkennt die Stimme Jesu und kann sich nun vom Grab abwenden. Der, den sie sucht, ist nicht im Grab. Jesus lebt. Der Tod hat ihn nicht in seiner Macht gehalten. Doch auch Maria wird Jesus nicht festhalten können. Maria erfährt, dass Jesus lebt, aber in einer anderen Weise als bisher. Er kehrt nicht in unseren Lebensalltag zurück, sondern geht in die neue Lebenswirklichkeit Gottes ein.

Liebe Angehörige, vielleicht sind diese Worte und Bilder des Evangeliums für uns genau so ungewöhnlich und irritierend, wie sie es für Maria damals waren. Vielleicht sind auch wir so stark von Trauer und Abschied gefangen, dass wir diese andere Perspektive noch nicht einnehmen können. Und doch wünsche ich Ihnen, dass Sie in der kommenden Zeit, wenn auch Sie das Grab von N.N. besuchen, offen bleiben für diese leisen Fragen und Stimmen Gottes, die uns aus der Trauer heraus zum Glauben an die Auferstehung führen wollen. Nehmen wir in dieser Hoffnung und diesem Vertrauen Abschied, dass auch N.N. von Gott bei seinem Namen gerufen wird und uns in Gottes neue Lebenswirklichkeit vorausgeht.

Fürbitten

Zu, Gott, der uns das ewigen Leben schenken kann, beten wir voll Vertrauen:

- Wir beten für N.N., die uns so kostbar war und von der wir Abschied nehmen: Nimm sie auf zu dir und schenke ihr das ewige Leben.
- Wir beten für die Angehörigen und für alle, die um N.N. trauern: Sprich ihnen in ihrer Trauer dein tröstendes und heilendes Wort zu.
- Wir beten für alle Sterbenden und für alle, die uns im Tod vorangegangen sind: Führe sie in dein himmlisches Reich und gib ihnen das ewige Leben.

Barmherziger Gott, du hast deinen Sohn Jesus Christus aus dem Tod erweckt und auch uns die Hoffnung auf Vollendung geschenkt. Dafür danken wir dir, durch ihn, Christus, unseren Herrn.

ADRIAN WARZECHA

Trauerfeiern zu bestimmten Zeiten im Kirchenjahr

Auf Gottes Möglichkeiten vertrauen

Schrifttext: Lk 1,26–38

Trauersituation: Advent

Ansprache

Liebe Trauerfamilie, liebe Schwestern und Brüder,
wenn jemand eine lange Reise antritt, dann wünschen wir ihm einen Engel zur Seite, der ihn begleitet und durch alle Gefahren unverletzt hindurchführt. Als Begleiter und Ratgeber erscheinen uns Engel in der Bibel immer wieder. In der soeben gehörten Lesung erfuhren wir von der wundersamen Begegnung zwischen Maria und dem Engel Gabriel. Der Erzengel Gabriel verkündet Maria die freudige Nachricht, dass sie ein Kind gebären wird. Es ist ein ganz besonders Kind: es ist Gottes Sohn, Jesus Christus. Für Maria wird der Engel zum Überbringer einer besonderen Botschaft.

Maria, eine junge, aber durchaus bodenständige Frau, setzt sich mit den Worten des Engels auseinander. Zunächst steht ihr das Erschrecken, ja die Angst vor dem, was da auf sie zukommt vor Augen. Aber Maria lässt nicht zu, dass Schrecken und Furcht sie ganz vereinnahmen. Sie ist vielmehr offen für die Botschaft, die ihr überbracht wurde, und geht darauf ein. Freilich bleibt sie auf dem Boden der Tatsachen: Wie kann das gehen? Auf der einen Seite das Vertrauen und die Zuversicht, auf der anderen Seite die Angst und die Bestürzung.

Wie soll das geschehen? – Auf ihre existentielle Frage erhält Maria eine Auskunft, die nicht alles beantworten kann. Vielmehr braucht es das Vertrauen Mariens. Nicht schon die ganze Zukunft kann erklärt und erläutert werden. Die Unsicherheiten werden nicht genommen, noch vieles liegt im Dunkeln, aber dafür erhält die werdende Mutter ein Wort, auf das sie sich einlassen kann. Für Gott ist nichts unmöglich! Die Antwort des Engels schließt ihr die Tür des Vertrauens auf: Lass dich auf den Weg mit Gott ein. Ergreife die Zukunft, die dir eröffnet worden ist, und traue dem Weg, der sich dir eröffnet hat. Ja, Maria vertraut auf die Verheißung und so kann neues Leben sich ereignen.

Wir sind heute zusammen gekommen um Abschied zu nehmen von N. N. Sein Tod lässt Sie, liebe Trauergemeinde, in Trauer und Schmerz zurück. Wir können es kaum fassen, dass er nicht mehr unter uns weilt. Vor wenigen Tagen war der Verstorbene noch mit seiner ganz herzlichen Art präsent.

(Hier können biographische Angaben erfolgen)

Liebe Schwestern und Brüder, der Tod eines geliebten Menschen wirft Fragen und Zweifel auf: warum, wieso, weshalb gerade jetzt? Es ist endgültig, kein Zurück ist mehr möglich. Vieles hätten Sie, liebe Hinterbliebenen, vielleicht noch sagen oder gar fragen wollen. Wie kann es weitergehen?

Der Name Gabriel bedeutet: »Gott hat sich stark gemacht«. Ausgesandt von Gott, soll dieser Bote die Botschaft bringen, dass Gott rettet und stärkt, heilt und hilft. Maria hat sich auf den Engel eingelassen und ihm vertraut. So konnte ihr ein Kind, neues Leben, geschenkt werden. Darin hat sich für Maria der Weg des Lebens eröffnet, denn mit der Geburt seines Sohnes hat Gott seinen Heilsplan begonnen. Ein Plan, der gerade um die menschlichen Begrenzungen und Einschränkungen weiß und sie mit einschließt.

Für Gott ist wirklich nichts unmöglich. Er öffnet die Schwelle in seine Zukunft hinein und bereitet für uns den Weg, dass wir sie im Vertrauen auf seine Kraft überschreiten können. In dieser Gewissheit auf Gott können wir heute Abschied nehmen von N. N. Für ihn ist der Weg bereitet zur himmlischen Heimat. Er kann die Schwelle in die Zukunft Gottes hinein übertreten.

»Ich werde einen Engel schicken, der dir vorausgeht«, spricht Gott. »Er soll dich auf dem Weg schützen und dich an den Ort bringen, den ich bestimmt habe.« (Exodus 23,20) Ein Engel weist den Weg, er zeigt, was zu tun ist und geht voraus. Mögen die Engel Gottes N. N. zum Paradies begleiten.

Anregung

Der Gesang »Zum Paradies« kann am Ende der Predigt von allen gemeinsamen gesprochen werden (siehe Gotteslob 84).

Fürbitten

Treuer Gott, du hast Maria die Möglichkeit eröffnet, die Botschaft des Engels aufzunehmen und in eine neue, lebenserfüllende Zukunft zu gehen.

So konnte sie ihr »Ja« sprechen und ihren Weg im Vertrauen auf dich gehen. Mit unseren Nöten und Sorgen kommen wir zu dir:

- ❍ Wir empfehlen dir die Hinterbliebenen an, besonders die Witwe, die nun mühevoll den Weg ohne den geliebten Menschen gehen müssen.

V./A.: Du Gott des Lebens: Wir bitten dich, erhöre uns.

- ❍ Wir beten für alle Frauen, die in diesen Tagen ein Kind erwarten, dass sie sich vertrauensvoll auf das Neugeborene einlassen.
- ❍ Wir empfehlen dir alle an, die trauern um einen geliebten Menschen und die auf der Suche nach Trost sind.
- ❍ Wir beten für die Sterbenden, die in diesen Tagen Abschied nehmen müssen, und die ihren Blick auf das Zukünftige richten.
- ❍ In der Stille empfehlen wir dir alle unsere Verstorbenen an, die schon länger von uns gegangen sind und die wir in deinem himmlischen Reich glauben.

Treuer Gott, für dich ist nichts unmöglich. Du hast dich als Gott des Lebens gezeigt, als Herrscher über Leben und Tod. Dir gilt unser Lob heute und alle Tage bis in Ewigkeit.

Gebet

Du Gott des Lebens,
in unserer Trauer und unserem Schmerz kommen wir zu dir, denn wir müssen von einem geliebten Menschen Abschied nehmen. Unsere Hände können ihn nicht mehr greifen und wir müssen schmerzlich loslassen.
Mögen Engel nunmehr den Verstorbenen empfangen und geleiten in dein Paradies, das himmlische Jerusalem, wo Freude und Wohlergehen sein werden.
Darum bitten wir durch Christus, unseren Herrn.

HOLGER WINTERHOLER

Freude in der Dunkelheit?

Schrifttext: Lk 1,39–45

Trauersituation: Advent

Ansprache

Wenn ein Mensch stirbt, den man sehr gerne gehabt, den man geliebt hat, dann scheint unser Leben selbst in eine Art Starre, in eine Totenstarre zu fallen. Nichts ist mehr so, wie es zuvor war. Leere, Dunkel, Starre. Irgendwie scheint das Leben stillzustehen. So empfinden wir schmerzvoll. Da scheint das Evangelium, das uns eben verkündet wurde, gar nicht hineinzupassen. Es ist voll Leben: Zwei schwangere Mütter begegnen sich. Da kann man nur sagen: Leben begegnet Leben. Und Elisabeth erkennt in Maria die Mutter des Erlösers und preist sie überschwänglich. Johannes im Schoß Elisabeths hüpft vor Freude. Und Maria leitet diesen Lobpreis weiter zu Gott in ihrem Lobgesang: »Meine Seele preist die Größe des Herrn, und mein Geist jubelt über Gott, meinen Retter.«

Überschwängliches Leben – angesichts der sterblichen Hülle eines Menschen? Gewiss hat N. N. auch solche hohen Zeiten in ihrem Leben gehabt, wo sie sich des Lebens freuen konnte in Zeiten des Glücks und der Freude. In solchen Situationen kann man die Freude und das Glück Elisabeths und Marias, dieser beiden werdenden Mütter, gut nachempfinden. Aber wie ist das angesichts von Not, Leid, Trauer und Tod? Wie ist das, wenn das Leben nicht im Glück sich entfaltet und aufblüht, sondern im Tode erstarrt?

Wir befinden uns im Advent. Dieser ist ja nicht eine endlos vorverlagerte Weihnachtszeit, sondern eine Zeit der Erwartung, der Erwartung der Ankunft Jesu. Es ist eine Zeit froher, nicht banger Erwartung, weil uns Gott selber entgegenkommt an Weihnachten. Es ist eine Zeit sehnsuchtsvoller Erwartung angesichts der Dunkelheit, der vielen Dunkelheiten in unserer Welt und in unserem Leben. Die Christenheit richtet ihren Blick im Advent auf etwas, das mehr als das ist, was diese Welt uns je bieten kann in ihrer Vergänglichkeit. Und die beiden Frauen im Evangelium, Elisabeth, die Mutter des Johannes und Maria, die Mutter Jesu, sie haben erkannt, dass das Kind, das Maria trägt, der Erlöser ist, der von Gott kommt um das göttliche Licht in die Dunkelheit der Welt zu bringen. Johannes der Täufer wird auf Jesus hinweisen als das Lamm Gottes, das die Sünde der Welt hinwegnimmt, also als den Erlöser, der durch seinen Kreuzestod hindurch die Totenstarre der Welt löst, in der Auferstehung an Ostern den Tod besiegt und das Leben neu schafft. Das lässt Elisabeth und Maria aufleben und jubeln und sich freuen.

Es ist eine adventliche Freude, die die Dunkelheit der Welt, die Dunkelheit in unserem Leben, die Dunkelheit des Todes und der Trauer nicht ausblendet, sondern wie ein kleiner hoffnungsvoller Keim sich inmitten der Dunkelheit regt: Vielleicht – wenn es so wäre –, was wäre das für eine Perspektive! Nicht die Erstarrung im Tod ist das Ende, sondern das Leben in Fülle ist das Ziel. Und so kann dieses adventliche Evangelium in Ihnen, liebe Angehörige, liebe Trauernde, mitten in der Trauer einen kleinen Hoffnungskeim säen: Derjenige, der Mensch geworden ist, Jesus, der Sohn Gottes, er ist es, der auch unseren Tod gestorben ist. Er ist bei uns in der Nacht des Todes, aber noch viel mehr: er sprengt die Fesseln des Todes und gibt uns an seiner Auferstehung Anteil. Die Freude und das pralle Leben, das dieses adventliche Evangelium widerspiegeln, sind ein Vorgeschmack für diese ungetrübte Freude, die uns erwartet in der Gemeinschaft mit Gott im ewigen Leben.

N. N. wird, so vertrauen wir im Glauben, diese Freude jetzt schon erfahren dürfen. Vielleicht können wir sie durch den Schleier unserer Trauer hindurch auch ein wenig erahnen.

Fürbitten

Gott, den Herrn über Leben und Tod, lasst uns anrufen:

- Für N. N.: Gib ihr in deiner himmlischen Gemeinschaft die ewige Freude, die nur du geben kannst.
- Vollende, was gut war in ihrem Leben, mache ganz, was Bruchstück geblieben ist, heile, wo Verwundungen waren und versöhne da, wo Schuld gewesen ist.
- Tröste die Angehörigen und alle, die um N. N. trauern, und schenke ihnen Kraft durch die Ankunft deines Sohnes.
- Sei Licht denen, in denen es dunkel ist, und erfreue alle, die leiden und in Not sind mit deiner Nähe.

Lebendiger Gott, nimm uns an in unserer Trauer und in unserem Leid. Lass die Hoffnung in uns wachsen und erhöre unsere Bitten.
Dich preisen wir durch Christus, unseren Herrn.

HANS-MICHAEL SCHNEIDER

Vom wahren Licht erleuchtet werden

Schrifttext: Joh 1,9–14

Trauersituation: Weihnachtliche Festzeit

Ansprache

Weihnachten ist das Fest der Lichter. Zu keiner anderen Jahreszeit entzünden wir in unseren Häusern so viele Kerzen und zu keiner anderen Jahreszeit schmücken wir Häuserfassaden, Wohnungen, Gärten so aufwändig mit Lichterketten. Das Licht der Kerzen empfinden wir als warm und tröstlich, festlich und stimmungsvoll. In diese lichte Gestimmtheit der Weihnachtszeit ist für Sie das Dunkel des Todes eingebrochen. In unseren Gedanken und Gefühlen passen Weihnachten und Abschied so wenig zueinander wie Geburt und Tod.

Weihnachten ist der Tag der Sonne. Die ersten Christen haben das Geburtsfest ihres Herrn nicht auf ein historisches Datum gelegt, sondern auf ein religiöses: Die Römer feierten am 25. Dezember den *Tag der unbesiegbaren Sonne*. Für die Christen damals und für uns heute ist Christus selbst die unbesiegbare Sonne, die das Dunkel vertreibt und die Eiseskälte erwärmt. Er selbst ist das Licht, das bis zum Grund unserer Seele dringt.

»Das wahre Licht, das jeden Menschen erleuchtet, kam in die Welt« – so verkündet der Evangelist Johannes seiner Gemeinde das Geheimnis von Weihnachten. Jetzt, wo Tod und Abschied alle weihnachtliche Stimmung verjagt und das Dunkle uns besetzt, ist dieses spröde Wort tröstlicher als die Idylle von Stall und Sternen, Ochs und Esel, Kind und Eltern. Christus selbst ist das wahre Licht, es erleuchtet jeden Menschen. Keiner muss im Dunkel bleiben, auch nicht im Tod und in der Trauer, auch nicht im Abgrund von Schmerz und Auflehnung. Das Dunkle muss nicht dunkel bleiben, das Licht des Christus scheint in die Dunkelheit des Todes hinein und erhellt die Wirklichkeit des Todes, die niemand von uns ermessen kann. Das ist ja der Kern unseres Glaubens: Das Licht selbst geht mit uns durch die Dunkelheit.

Geburt ist an Weihnachten das große Ereignis und nicht der Tod. Christus, dessen Geburt wir feiern, gibt uns Anteil an seinem göttlichen Leben. Wir alle haben mit unserem natürlichen Leben auch den Tod geerbt. Weil wir von Menschen geboren sind, darum sind wir sterblich. Wer zu Gott gehört, wer aus Gott geboren ist, der ist für das Ewige geboren. Als Kinder Gottes gehen wir auf allen menschlichen und irdischen Wegen, gehen durch glückliche und leidvolle Zeiten, aber wir gehen in einer Kraft, die dem Tod standhält. Aus Gott geboren sind wir, das ist unsere Sicherheit und unser Trost.

Und der Evangelist spitzt seine Botschaft noch weiter zu. Wer zu Gott gehört, der darf auch seine *Herrlichkeit* schauen. Es ist viel Herrlichkeit in unserer Welt und in unserem Leben. Es ist daneben auch viel Erbärmlichkeit. Beides, Herrlichkeit und Erbärmlichkeit, ist sehr ungleich verteilt. Das können wir nicht verstehen und lehnen uns dagegen auf. Seine Herrlichkeit, die Herrlichkeit des Lichtes, ist allen zugesagt: »Die Herrlichkeit des einzigen Sohnes vom Vater.«

Das weihnachtliche Wort aus dem Johannesevangelium hält dem Tod stand. Das ist die Hoffnung für unsere Toten: Ihnen leuchtet das Licht, im Tod werden sie ins ewige Leben geboren und auf ewig dürfen sie die Herrlichkeit Gottes schauen. Das weihnachtliche Wort aus dem Johannesevangelium hält auch unserer Trauer stand: Das Licht bleibt bei uns. Christus, die Sonne unseres Heils, ist unbesiegbar. Und die Geburt aus Gott gibt uns ein Anrecht darauf, einmal in seiner Herrlichkeit vereint zu sein.

Fürbitten

Jesus Christus ist das Licht, das dem Dunkel des Todes standhält, ihn bitten wir:

- Für den verstorbenen N. N., den wir der Herrlichkeit Gottes anvertrauen.

V./A.: Christus, höre uns./Christus, erhöre uns.

- Für die Familien, die den Verlust eines Angehörigen in diesen Tagen besonders schmerzlich erleben.
- Für alle Trauernden, die noch kein Licht sehen können.
- Für die glücklichen Menschen, die ihr zerbrechliches Glück so selbstverständlich nehmen.
- Für Angehörige, Freunde und Bekannte, die uns treu und hilfreich zur Seite stehen.

Gott, Du bist das Licht in unserer Dunkelheit, du bist das Leben in unserem Tod. Wir danken dir durch Christus, unseren Herrn.

Liedvorschlag

GL 141 »Ich steh an deiner Krippe hier«; vor allem Str. 3: »Ich lag in tiefster Todesnacht«.

ANTON SEEBERGER

In Frieden scheiden können

Schrifttext: Lk 2, 25–32

Trauersituation: Weihnachten

Ansprache

»Nun lässt du, Herr, deinen Knecht, wie du gesagt hast, in Frieden scheiden. Denn meine Augen haben das Heil gesehen, das du vor allen Völkern bereitet hast.« Der Lobgesang des greisen Simeon, den wir gerade als Höhepunkt und Abschluss der Lesung gehört haben, hat eine herausragende Stellung im Beten der Kirche. Jeden Abend in der Komplet, dem Abendgebet der Kirche, wird dieses kurze und eindringliche Lied gebetet oder gesungen. Jeden Abend geschieht damit ein kleiner Abschied vom Leben, vom Tag, der nicht mehr wiederkehren wird und dessen Licht unwiderbringlich erloschen ist.

Es ist aber kein wehmütiger, melancholischer oder gar resignierter Abschied. Ganz im Gegenteil. Wir nehmen uns den alten Simeon zum Vorbild für ein Leben, in dem wir versöhnt und dankbar auf das zurückblicken können, was war. Wir können dieses kleine, schöne Lied jeden Abend singen und beten und auf den vergangenen Tag zurückblicken. Oder wir singen es am Ende unseres Lebens, wenn wir auf den Weg schauen, den Gott mit uns gegangen ist.

Heute beten wir diesen Text stellvertretend für N.N. Wir glauben, dass auch er im Frieden scheiden konnte, dass er seinen Frieden mit dem Leben gemacht hat, zufrieden und versöhnt mit dem Lebensweg, den er gehen durfte und musste. Wir glauben, dass auch er das Heil sehen durfte, das Gott ihm bereitet hat. Vielleicht nicht so direkt und unmittelbar, wie es dem alten Simeon vergönnt war und heute keinem von uns mehr möglich ist. Aber doch so, dass N.N. in seinem Glauben die Gewissheit finden konnte, dass Gott mit ihm geht und es am Ende gut mit ihm gemeint hat. Als Christen glauben wir ja, dass sein Weg jetzt noch nicht zu Ende ist, sondern dass etwas Neues beginnt, das wir nicht genau beschreiben oder wissen können, von dem wir aber glauben, dass es tatsächlich »Heil« ist. Wenn Simeon singt: »Meine Augen haben das Heil gesehen«, meint er

nichts anderes. In Jesus Christus ist das Heil für uns Wirklichkeit, lebendig geworden. Der kleine Jesus, den Simeon sieht, wird einst gekreuzigt werden und durch den Tod hindurch in ein neues Leben gehen. Nicht als spektakuläres Wunder oder bloßes Allmachtzeichen, sondern als heilvolle Verheißung an uns Menschen, dass auch unser Leben im Tod nicht endet, sondern heilvoll bei Gott weitergeht.
Dieser Glaube hat auch N. N. geprägt. Wir haben ihn als Menschen erlebt, der auch im Alter Gelassenheit, Ruhe und inneren Frieden ausstrahlte. Es war ihm vergönnt, seinen Frieden mit der Welt und mit Gott zu schließen, und so mit einer Gelassenheit auf den Tod zuzugehen, wie sie wohl nur im Glauben möglich ist. Wir sind voll Zuversicht, dass er jetzt, bei Gott, tatsächlich das Heil schauen kann. Ein Licht, wie der alte Simeon weiter singt, das sein Leben erleuchtet, und die unbeschreibliche Herrlichkeit aufscheinen lässt, die ihm verheißen war und uns verheißen ist. So führt uns N. N. heute, wenn wir von ihm Abschied nehmen, noch einmal diese Hoffnung vor Augen. So wird für uns dieser Tag nicht allein zum Tag der Trauer, sondern auch zum Moment der Zuversicht. Lassen wir uns prägen von der Hoffnung im Glauben, die auch N. N. getragen hat.

Fürbitten

Allmächtiger Gott, dein Sohn Jesus Christus hat das Licht der Hoffnung in die Welt gebracht. Zu ihm beten wir:

- Für N. N. Führe ihn in deine ewige Herrlichkeit und lass ihn das Heil schauen.
- Für seine Angehörigen und alle, die um ihn trauern. Sei bei ihnen und stärke sie mit der Kraft des Glaubens.
- Für alle Menschen, die nicht im Frieden leben können. Für die, die unter innerem Unfrieden leiden und für die, die Krieg und Gewalt erdulden müssen.
- Für alle Verstorbenen, besonders für die, an die niemand mehr denkt.

Guter Gott, der greise Simeon hat dein Heil schauen dürfen. Er hat in deinem Sohn Jesus den Erlöser und Heiland erkannt. Öffne auch unsere Augen für das Licht des Evangeliums und höre auf unsere Bitten, durch Christus, unseren Herrn.

GERHARD SCHNEIDER

Zum Vater im Himmel beten

Schrifttext: Mt 6,7–13

Trauersituation: Fastenzeit

Ansprache

Der plötzliche Tod von N. N. hat Sie, die Angehörigen und viele, die ihn kannten, betroffen gemacht und betrübt. Wir können nicht glauben, dass N. N. jetzt schon gehen musste. Wir spüren, wie sehr er unter uns fehlt.
(Hier können persönliche Erlebnisse und Lebensdaten eingefügt werden.)
Der plötzliche Tod von N. N. macht uns ein Stück weit sprachlos. Es fällt uns schwer, unsere Gefühle und Gedanken in Worte zu fassen. Gern hätten wir manches noch persönlich gesagt, ein Wort des Dankes oder des Abschieds. Dass dies nun nicht mehr möglich ist, auch das macht den Abschied so schwer.
Liebe Trauergemeinde, gerade wenn uns die Worte fehlen oder das persönliche Gespräch nicht mehr möglich ist, so bleibt uns doch die Möglichkeit zum Gebet. Im Gebet können wir uns mit unserer Trauer und unserem Schmerz an Gott wenden und bei ihm Kraft und Trost suchen. Zugleich können wir für N. N. beten und ihn Gott anvertrauen. Dabei brauchen wir gar nicht viele Worte zu machen. Jesus selbst hat uns die rechten Worte gegeben, mit denen wir immer wieder zu Gott, unserem Vater, beten können. Im Vaterunser, das er uns zu beten gelehrt hat, ist alles entscheidende schon gesagt. Vielleicht können uns diese Worte gerade auch jetzt in der Stunde des Abschieds begleiten und helfen.
Schon die ersten Worte des Vaterunsers haben eine tiefe Bedeutung. Gerade mit Blick auf den Tod eines lieben Menschen könnten wir daran zweifeln, ob es Gott gibt und ob er es gut mit uns meint. Jesus hat uns gelehrt, in Gott keine ferne und unzugängliche Gestalt zu sehen, sondern ihn als einen gütigen Vater zu begreifen. Mit Jesus nennen wir Gott vertrauensvoll unseren Vater. Er schenkt uns Hoffnung auf Leben, noch über den Tod hinaus. Wo Gott ist, da ist Leben und da ist Zukunft. Das meinen wir, wenn wir vom Himmel sprechen und wenn wir um das Kommen seines Reiches bitten. Gott will, dass wir das Leben haben und dass wir es in Fülle haben.

Mit den Worten des Vaterunsers erwarten wir dieses Leben in Fülle und beten darum, dass dieser Wille Gottes Wirklichkeit werde. Nicht immer begreifen wir, warum unser Lebensweg diesen oder jenen Verlauf nimmt. Selbst Jesus sah sich zeitlebens schwierigen und leidvollen Wegen ausgesetzt. Mit ihm vertrauen wir darauf, dass sich gegen alle Widrigkeiten und Nöte Gottes Wille nach Leben und Heil am Ende durchsetzen wird. Wo Gott ist, da ist Zukunft.

Was wir als Ziel vor Augen haben, soll heute schon ansatzweise unter uns erfahrbar sein. Deshalb bitten wir um das tägliche Brot, also um das, was uns heute schon zu leben hilft. Dieser Bissen Brot steht stellvertretend für jedes Zeichen der Zuwendung und Stärkung, für jeden Händedruck, für jeden Besuch und jedes tröstende Wort, das uns gerade in den Stunden der Trauer Kraft zum Leben gibt. Dass diese alltäglichen und doch so lebenswichtigen Gaben nicht fehlen, auch darum beten wir. Und schließlich lädt uns das Vaterunser zur Versöhnung ein. Als Menschen werden wir immer wieder aneinander und vor Gott schuldig. Wir bleiben hinter dem zurück, was wir an Liebe schenken könnten und verletzen einander manchmal mit falschen Gesten und Worten. Daher beten wir: Vergib uns unsere Schuld, wie auch wir vergeben unseren Schuldigern. Ohne diese immer neue Bereitschaft zur Vergebung und zum Neubeginn würden wir keinen Frieden finden. Nur dort, wo wir uns mit uns selbst, mit unseren Mitmenschen und mit Gott versöhnen, werden wir schließlich glücklich sein. Wo das gelingt, hat das Böse keine Macht mehr. Ja, Herr, rette uns vor dem Tod und allem Bösen und lass uns in deinem Frieden leben.

In diesen Wochen bereiten wir uns auf das kommende Osterfest vor. Das Vaterunser kann uns dabei helfen, das Ziel unseres Lebensweges nicht aus dem Blick zu verlieren und Gott als gütigen Vater zu begreifen, der uns noch über den Tod hinaus Leben und Zukunft schenken will. Vertrauen wir darauf, dass N. N. diesen österlichen Weg bereits begonnen hat, dass er uns zu Gott, dem Vater vorangegangen ist und dass er bei ihm das Leben in Fülle finden wird.

Fürbitten

Mit Jesus Christus beten wir zu Gott, dem himmlischen Vater:

- Wir beten um das Kommen des Reiches Gottes, dass sich das Reich seiner Liebe und des Lebens immer mehr unter den Menschen ausbreite.
- Wir beten darum, dass Gottes Wille geschehe, wie im Himmel so auf Erden, und dass auch N. N. den Weg zur Auferstehung und in das österliche Licht findet.
- Wir beten um das tägliche Brot und alle Zeichen der Liebe, die wir zum Leben brauchen, damit wir gerade in den Stunden des Abschieds und der Trauer Kraft und Trost erfahren.
- Wir beten um die Vergebung unserer Schuld und die Kraft zur Versöhnung, damit wir heute schon den Frieden unter uns erfahren.

Vater, im Himmel, du weißt um unsere Bitten, noch bevor wir sie aussprechen.

Höre unser Gebet und schenke uns deinen Frieden, darum bitten wir mit Christus, unserem Bruder und Herrn.

ADRIAN WARZECHA

Unter dem Kreuz Jesu stehen

Schrifttext: Joh 19,25–27

Trauersituation: Fastenzeit / Karwoche

Ansprache

Liebe Trauernde,
jedes menschliche Leben, mag es noch so verschieden gewesen sein, endet mit dem Tod. Das wissen wir, und doch lässt uns die konkrete Erfahrung, dass ein geliebter Mensch gestorben ist, oft stumm und hilflos zurück. Sie, liebe Angehörige, spüren in diesen Tagen schmerzlich die große Lücke, die der Tod von N. N. hinterlassen hat. Ihr Tod hat all Ihre Pläne über den Haufen geworfen. Vielleicht sind Sie jetzt in Ihrem eigenen Leben verunsichert, Sie fühlen sich alleingelassen oder Fragen quälen Sie. Warum musste gerade N. N. sterben? Wie geht es jetzt weiter? Wer steht mir in meinem Leid bei?
Mir hilft es in solchen Situationen, den Blick auf Jesus zu richten. Das Evangelium, das Sie gerade gehört haben, schildert die Begegnung zwischen dem sterbenden Jesus und zwei ihm nahestehenden Menschen, Maria und Johannes, seiner Mutter und seinem Lieblingsjünger. Jesus hängt am Kreuz, zwischen zwei Verbrechern. Wenige Tage vorher wurde er noch von den Menschen gefeiert und bejubelt, jetzt wird er gequält, ausgelacht und verspottet. Er hat den sicheren Tod vor Augen. All sein Helfen, seine Liebe zu den Menschen, sein Einsatz für das Volk Gottes scheinen vergeblich gewesen zu sein. Seine Anhänger und Freunde, ebenso wie seine Verwandten sind entsetzt und verzweifelt. Sie haben ihre ganze Hoffnung auf diesen Jesus gesetzt. Sie haben sich voll auf ihn verlassen. Und jetzt? Wie kann es ohne ihn weitergehen? Was sollen sie tun? Sie sind den Leidensweg Jesu mitgegangen, Schritt für Schritt, den steinigen Weg hinauf nach Golgota. Auch N. N. ist in den letzten Wochen und Monaten ihrer Krankheit einen Leidensweg gegangen, mit Ihnen an der Seite bis zum Ende. Bei Jesus unter dem Kreuz halten es nur noch wenige aus, eine Handvoll Frauen und ein Mann. Die anderen haben sich alle aus dem Staub gemacht. Vielleicht erwarten sie nichts mehr von diesem sterbenden Menschen. Sie

sind zu enttäuscht oder haben Angst, dass es ihnen genauso ergehen könnte. Bei einem Sterbenden auszuhalten, das schafft nicht jeder. Da kommen auch Angehörige und Freunde an ihre Grenzen. Um auszuhalten brauchen wir das Vertrauen, dass auch in dieser schwierigen Situation einer bei uns ist, der uns nicht alleinlässt, uns die richtigen Worte und Gesten der Liebe eingibt, oder uns hilft, schweigend dem Sterbenden nahe zu sein. Diese letzten Momente mit einem Sterbenden können uns Lebende beschenken und über die Trauer und den Schmerz hinaus bereichern. Jesus am Kreuz spürt oder weiß, dass er sterben wird und was dies für seine Angehörigen und seine Freunde bedeutet. Seine Liebe, seine Hoffnung, sein Glaube gehen und wirken weit über den Tod hinaus. In seiner schlimmen, aussichtslosen Lage denkt er nicht zuerst an sich, sondern an die Anderen, an die, die seinem Herzen so nahe sind: an seine Mutter Maria und an seinen Lieblingsjünger Johannes. Er verweist die beiden aufeinander mit den Worten »Frau, siehe, dein Sohn!« und »Siehe, deine Mutter!« Das heißt: Kümmert euch umeinander, wenn ich nicht mehr da bin. Tröstet euch einander, macht euch gegenseitig Mut, wenn ihr denkt, es geht nicht weiter. Bleibt in meiner Liebe miteinander verbunden und handelt so auch anderen gegenüber. Die Worte Jesu sind wie ein Testament für die beiden. »Und Johannes nimmt Maria zu sich.« So erfüllen die beiden Jesu Auftrag und führen ihn weiter. Sie, liebe Trauernde, haben die letzten Stunden am Bett von N. N. ausgeharrt, so wie Maria und Johannes bei Jesus. Sie haben N. N. nicht alleingelassen im Leiden, auch wenn es schmerzvoll war, dabeizusein, standzuhalten und nicht helfen zu können. Wie Jesus Johannes und Maria aufeinander verwiesen hat, so spricht er heute zu Ihnen in der Trauer und im Abschiedsschmerz um N. N. und verweist Sie aufeinander.
Sie sollen in der Sorge und Liebe weiterleben, in der Sie auch bisher miteinander unterwegs waren in Ihrem Leben.
Die Liebe, die Sie, liebe Trauernde mit N. N. im Leben, aber auch im Leiden und Sterben verbunden hat, kommt von Gott. Diese Liebe verbindet Sie über den Tod hinaus. Sie ist stärker als der Tod, diese Hoffnung haben wir Christen durch Jesu Tod und Auferstehung. Für unsere Augen ist N. N. tot, aber die Liebe, die von Gott kommt und uns verbindet, endet nie. Sie führt uns in die ewige Gemeinschaft mit Gott und untereinander. Von Gott geliebt und bei ihm geborgen, werden wir immer leben und in dieser Liebe miteinander verbunden bleiben über alle Grenzen hinweg.

Fürbitten

In Jesus Christus ist uns Auferstehung und neues Leben versprochen. An ihn richten wir unsere Bitten:

- Jesus Christus, du hast durch deine Auferstehung die Macht des Todes gebrochen. Führe N. N. aus dem Dunkel des Todes in das strahlende Licht deiner Herrlichkeit.

V./A.: Christus, höre uns./Christus, erhöre uns.

- Jesus Christus, du hast deine Mutter und deinen Jünger, die mit trauerndem Herzen unter deinem Kreuz standen, aufeinander verwiesen. Gib uns die Kraft, in Schmerz und Leid zusammenzuhalten und einander beizustehen.
- Jesus Christus, im Zeichen des Kreuzes haben wir diese Feier begonnen. Lass das Kreuz in unserem Leben zum Zeichen der Hoffnung und Stärkung werden.
- Jesus Christus, du hast kranke und schwache Menschen geheilt und ihnen Gemeinschaft geschenkt. Lass heute alle Menschen, die deiner Hilfe bedürfen, deine Nähe spüren.
- Jesus Christus, du hast uns den wahren Geist des Friedens geschenkt. Beende allen Streit, der Menschen immer wieder voneinander trennt, und schaffe Frieden auf der ganzen Erde.

Herr, Jesus Christus, voll Vertrauen legen wir unsere Sorgen und Ängste in deine Hand. Denn du lässt niemanden allein, der dir vertraut. Dir gilt unser Dank in Ewigkeit.

Psalmen und Liedvorschläge

Psalm 22 B/GL 716
Psalm 27/GL 719
Psalm 142/GL 756
GL 182 »O du hochheilig Kreuze«
GL 183 »Wer leben will wie Gott auf dieser Erde«
GL 620 »Das Weizenkorn muss sterben«
GL 622 »Christus, der ist mein Leben«

CHRISTEL KLEINE

Den Stein weggewälzt sehen

Schrifttext: Mk 16,1–7

Trauersituation: Osterzeit

Ansprache

Liebe Trauernde,
Drei Frauen, so haben wir gehört, haben sich auf den Weg gemacht, dem Menschen, der ihr Leben geprägt und verändert hat, die letzte Ehre zu erweisen. Dazu gehörte Mut, denn die Römer waren wachsam und wenig zimperlich gegenüber Aufrührern und Unruhestiftern. Das schien sie aber nicht zu stören. Der Wille, ihrem Freund einen würdigen Abschied zu bereiten, war stärker als die Angst vor der Staatsmacht. Auch wenn es ihnen dabei ums Herz schwer wurde und die Tränen wieder zu fließen begannen, wollten sie sich diesem Dienst nicht verschließen. So brachen sie früh am Morgen auf, um zum Grab zu gehen.
Nicht davonzulaufen, sondern sich der Situation zu stellen, darin lag die wahre Stärke dieser Frauen. Sie wollten noch keinen Schlussstrich ziehen, sie wollten nicht von der Enttäuschung, der Trauer und dem Schmerz davonlaufen. Noch auf dem Weg dämmerte es aber den Frauen, dass zwischen ihnen und dem toten Freund ein Stein, ein Felsbrocken, liegt. Nach der Bestattung war das Grab Jesu mit einem großen Stein versiegelt worden. »Wer könnte uns den Stein vom Eingang des Grabes wegwälzen?«, das war ihre bange Frage (Mk 16,3).
War es aber wirklich der Stein vor dem Grab, der sie belastete? War es nicht viel mehr der Tod selbst, der wie ein schwerer Stein auf ihren Herzen lastete? Viele wertvolle Erinnerungen verbanden sie mit dem Verstorbenen: sie hatten zusammen gegessen und getrunken, sie hatten miteinander geweint und miteinander gefeiert, miteinander hatten sie Kälte und Wärme getrotzt, um die Botschaft eines menschenfreundlichen Gottvaters den Menschen nahe zu bringen. Das sollte nun vorbei sein?
Der Stein, der auf ihren Herzen lastet, kann viele Namen haben:

Er kann für den Kummer stehen, den sie empfinden. Was hat das Leben uns angetan? Warum sind wir nun getrennt? Erinnerungen an gemeinsame Zeiten wirken wie Nadelstiche. Nichts ist mehr wie es war.
Der Stein kann für die Einsamkeit stehen, vor der sie sich nun fürchten. Wer wird nun zu uns stehen? Wem können wir uns in Zukunft anvertrauen? Haben wir die Kraft, die Leere, die sich vor uns auftut, auszuhalten und durchzustehen?
Der Stein kann für ihre Enttäuschung stehen. Denn die Frage quält, bewusst oder unbewusst: warum er, warum gerade jetzt, warum gerade auf diese Weise? Warum mutet uns Gott das zu? Wo ist da Gerechtigkeit? Wo Barmherzigkeit?
Der Stein kann für ihre Angst stehen. Wie kann das Leben ohne diesen wunderbaren Menschen weitergehen? Seine Nähe, seine Wärme, seine Liebe – für immer weg?
Wer wälzt uns diesen Stein weg? Die Frage von damals ist auch unsere Frage heute. Wie kann das Leben weitergehen angesichts des Todes und angesichts der Trauer, die wir gerade empfinden?
Die Frauen damals gingen einfach ihren Weg weiter. Sie kamen gar nicht auf die Idee, umzukehren oder aufzugeben. Und so stellte sich heraus, dass ihre Sorgen grundlos waren. Irgendjemand hatte den Stein schon entfernt. Doch schon überfiel sie ein neuer Schreck: Der Leichnam war nicht mehr da, das Grab war leer bis auf eine Lichtgestalt, die den Frauen in knappen Worten mitteilte: »Ihr sucht Jesus aus Nazaret, den Gekreuzigten. Er ist auferstanden; er ist nicht hier.« (Mk 16,6)
Der Stein war weg und öffnete ihnen den Blick sozusagen hinter die Kulissen. Was nützen Öle und Salbe in dieser Situation? Das Einbalsamieren der Toten war eine Tradition, die den Ägyptern abgeschaut worden war. Aber auch noch so ausgefeilte Techniken der Mumifizierung konnten einem der Pharaonen Unsterblichkeit verleihen. Nicht menschliches Tun, sondern göttliche Gnade bewirkt, dass Tod sich in neues Leben wandelt. Das war die Erfahrung der Frauen damals. Sie war ihnen so wichtig, dass sie sie gleich überall weitererzählten. Und einige Jahrzehnte später wurde sie aufgeschrieben und erreichte somit auch uns.
Die Geschichte von einem Stein vor dem Grab: eine österliche, eine hoffnungsfrohe Geschichte, die uns hier überliefert ist. Der Stein, der uns jetzt noch schwer auf dem Herzen liegt, wird weggewälzt. Nicht wir müssen den

Stein wegwälzen! Wer sich wie die Frauen damals der Situation stellt und seiner Liebe zum Verstorbenen Ausdruck verleiht, der wird auch spüren, dass die Last – vielleicht nicht so schlagartig wie in der Bibel, sondern eher langsam Stück für Stück – weniger wird.
Liebe Trauernde, ich wünsche Ihnen von ganzem Herzen, dass diese österliche Erfahrung vom weggewälzten Stein und dem leeren Grab für Sie zu einer Quelle der Kraft werde, damit Sie Trauer und Schmerz aushalten können in der Hoffnung, dass Gott heilt, was verwundet, und verbindet, was durch den Tod getrennt ist.

Fürbitten

(mit symbolischen Steinen)
Gott, in dieser schweren Stunde legen wir vor dich nieder, was uns belastet und bedrückt.

- Den Stein des Kummers: Wir sind traurig, weil wir N.N verloren haben. Lass uns mit Dankbarkeit auf gemeinsame Erinnerungen zurückschauen und lass uns so über den Tod hinaus verbunden bleiben.

A.: *Wir bitten, dich erhöre uns.*

- Den Stein der Einsamkeit: Wir fürchten uns, vor dem was kommt. Gib uns die Geduld, auszuhalten, was das Leben uns zumutet, und schenke uns die Kraft, einander zu trösten und zu ermutigen.
- Den Stein der Enttäuschung: Viele Fragen sind noch offen und wir verstehen nicht, warum alles so passieren musste. Gib unserm Leben Sinn und lass uns spüren, dass für dich der Tod nicht das letzte Wort ist.
- Den Stein der Angst: Die Begegnung mit dem Tod bringt uns an unsere eigenen Grenzen. Schenke uns eine Liebe, die stärker ist als der Tod, und lass in uns die Hoffnung wachsen, dass dein Sohn durch seinen Tod und seine Auferstehung auch uns zu neuem Leben befreit.

Gott, schenke unserem verstorbenen N. N. den Frieden, nach dem er sich gesehnt hat, und führe uns alle am Ende unseres Lebens in der Gemeinschaft mit dir zusammen zur ewigen Herrlichkeit. Darum bitten wir durch Christus, der vom Tod erstanden ist.

Ostermeditation

Der Tod bricht in mein Leben ein
Immer wieder
Manchmal heftig und hart
Manchmal sanft und weich.
Er kommt überraschend
Oder auch nach langer Vorankündigung.
Er bringt Leid und Verzweiflung mit,
aber auch endgültige Sicherheit und Erlösung.
Er fügt Kummer zu,
und befreit dennoch vom Schmerz.

Doch eines gilt immer:
Der Tod verdunkelt mein Leben.
Er versperrt mir die Sicht.
Mein Herz wird schwer,
meine Schritte werden schleppend.
Tod macht einsam,
ich fühle mich verlassen,
muss hergeben, wen ich liebe und schätze.

Deshalb brauche ich Tage wie diesen,
voll österlicher Hoffnung
mit österlichen Armen, die mich festhalten und trösten,
mit österlichen Augen, die sehen, was mich leiden lässt,
mit österlichen Ohren, die mir zuhören
und mir Aufmerksamkeit schenken,
mit österlichen Worten, die mich aufhorchen lassen und mich aufrichten,
mit österlichen Händen, die mich zärtlich halten und führen.
Dann kann ich ihn aushalten, den Tod, der immer wieder in mein Leben einbricht.

THOMAS KLEINE

Mit Thomas zum Glauben finden

Schrifttext: Joh 20,19.24–29

Trauersituation: Osterzeit

Ansprache

Liebe Trauergemeinde,

Zweifel müssen erlaubt sein. Diese Geschichte vom so genannten »ungläubigen Thomas«, der sich am Ende als sehr gläubig erweist, gehört zu den schönsten Geschichten des Johannesevangeliums. Thomas, einer der Jünger, war bei dem ersten Auftreten des auferstandenen Jesus nicht dabei, und als ihm die anderen Jünger davon erzählen, kann es er nicht glauben. Zu wunderbar ist diese Botschaft. Thomas gehört offensichtlich nicht zu den unkritischen und leichtgläubigen Menschen, die auch die unglaublichsten Nachrichten als wahr ungeprüft hinnehmen. Vielleicht vermutet er, dass bei den anderen Jüngern der Wunsch der Vater des Gedankens war. Insgeheim mag er auch auf so eine Entwicklung gehofft haben. Schließlich hatte Jesus seine Auferstehung mehrmals angekündigt. Aber als dies nun Realität zu werden scheint, melden sich seine Zweifel. Er will es ganz genau wissen, er möchte Jesus in die Augen sehen, er will ihn berühren. Nur das kann seine Freude komplett machen. Und durch die Berührung, durch den unmittelbaren Kontakt zu Jesus kommt er zum Glauben, der sich dann in dem klaren und liebevollen Ausspruch »Mein Herr und mein Gott« seine Bahn bricht. Thomas spürte die Liebe Jesu, jetzt vielleicht stärker als irgendwann während der Zeit, die er vorher mit Jesus verbrachte.

(Hier können persönliche Dinge oder ein kurzer Lebenslauf von N. N. eingefügt werden.)

Liebe Trauergemeinde, unser Verstorbener N. N. gehörte zweifellos auch zu den Menschen, die sich kein X für ein U vormachen ließen. Bevor er eine Entscheidung traf, wurden alle Umstände genau geprüft, und die Informationen hierzu auf ihren Wahrheitsgehalt untersucht. Nachfragen, etwas genau wissen wollen, gehörte zu seiner Lebensphilosophie. Und das traf auch für die Dinge des Glaubens zu. Er überprüfte alle Aussagen über den

Glauben anhand der Bibel, wobei er keineswegs alle Texte wörtlich nahm. Er hatte gelernt, dass das Hinterfragen von allgemein für wahr gehaltenen Aussagen sich lohnte und zu neuen Erkenntnissen führen konnte. Wie eingangs gesagt: Zweifel müssen erlaubt sein. Ein echter, lebendiger Glaube kann nicht ohne den Zweifel leben. Zweifel führen zu Gesprächen zu dem in Frage stehenden Thema, er führt zum Austausch mit anderen Gläubigen und fördert somit die Gemeinschaft. Das Wunderbare erfolgt dann, wie bei Thomas, durch die Berührung mit Jesus Christus. Thomas steht für diejenigen unter uns, die von Jesus nur gehört, ihn aber nicht gesehen oder gar berührt haben. Wer sich umgekehrt von Jesus berühren lässt, kommt schließlich unweigerlich auch zu dem Kernsatz: »Mein Herr und mein Gott!« Wer sich so zu Jesus als seinem Herrn und Gott bekennt, der wird auch auferstehen zum ewigen Leben. Wer die Wunden Jesu berührt, dessen Wunden werden auch verwandelt werden. Hier hat ein Zweifel, der nicht grundsätzlich alles negiert, sondern offen ist für die Ergebnisse des Nachfragens, seine Berechtigung.

Liebe Trauergemeinde, hierin mag unser Trost liegen. Bei aller Trauer, bei allem Schmerz über den Tod des Verstorbenen können wir von der Gewissheit ausgehen, dass auch er nun bei Gott ist. Wenn auch zu Lebzeiten so manche kritische Äußerung getan wurde: wichtig ist, dass am Ende dieses Lebens der unverrückbare Glaube steht. Wer an Jesus festhält, trotz aller kritischen Einwände, trotz so mancher nicht verstandener Aussagen des Glaubens, der hat das Ziel seines Lebens erreicht. Und hierin kann N. auch uns ganz nahe stehen. Die Anregung zum Nachfragen, »genau wissen wollen«, gerade in den Dingen des Glaubens, kann uns zum Vorbild dienen. Nein, es ist nicht so, dass nur der unkritische und somit immer unbeirrbare Gläubige die ewige Seligkeit erlangt. Ein Glaube wird durch den Zweifel und die darauf folgende Gewissheit wesentlich gestärkt, er ist sozusagen sicherer und wird durch die Erschütterungen des Lebens länger bestehen können. Dies sollten wir uns immer vor Augen halten und wir sollten auch keineswegs darüber verzweifeln, wenn auch wir unsere kritischen Fragen haben. N. N. ist uns vorausgegangen, und wenn auch wir uns zu dem Bekenntnis »Mein Herr und mein Gott« durchringen können, dann ist auch uns nach unserem Lebensende ein Leben bei Gott gewiss.

Fürbitten

Herr Jesus Christus, angesichts der Gewissheit deiner Auferstehung kommen wir mit unseren Bitten und Wünschen zu dir in dem Vertrauen, dass du sie anhören wirst.

- Sei du N. N. gnädig und nimm ihn in dein Reich auf.
- Stehe den Angehörigen von N. N. bei, und lass sie in ihrer Trauer und ihrem Schmerz nicht allein.
- Gib allen Menschen, die sich mit Zweifeln herumschlagen und deine Auferstehung noch nicht akzeptieren können, die Einsicht in und den Zugang zu deiner Heilsbotschaft.
- Sei du mit allen Menschen, die deine Botschaft als Prediger, Katecheten und Religionslehrer verkünden. Lass sie die richtigen Worte finden, die die Zweifel der anderen überwinden.
- Stehe allen Menschen bei, die sich um schwer kranke und sterbende Menschen bemühen, gib du ihnen die Kraft, ihre schwere Aufgabe zu meistern.
- Nimm dich unserer Verstorben an, lass ihnen deine Gnade zukommen und nimm sie in dein Reich auf.

Herr Jesus Christus, du allein bist das Licht des Lebens, das immer für uns leuchten wird.

WOLFGANG DOERING

Neuen Lebensatem empfangen

Schrifttext: Joh 20,19–23

Trauersituation: Pfingsten

Ansprache

Wenn etwas Schreckliches geschehen ist, ziehen sich viele Menschen gerne zurück. Sie bleiben am liebsten zuhause, im vertrauten Umfeld, in der Familie. Sie rücken enger zusammen und haben auch manches Mal Angst vor Begegnungen. Den Außenstehenden geht es ähnlich: Sie sind verunsichert, wissen nicht, ob sie die Betroffenen ansprechen sollen – und wenn sie es gerne tun würden, bedrückt sie die Frage: »Was soll ich sagen?« Furcht und Schrecken, Betroffenheit und Mitleid machen uns sprachlos und bauen sich zwischen uns auf wie eine Mauer. Viele Fragen tauchen auf, auf die wir keine Antwort finden. Vor allem die Frage nach dem Warum. Wie konnte das geschehen? Warum ausgerechnet er und warum jetzt? Der Tod, zumal, wenn er plötzlich über uns hereinbricht, erschüttert uns zutiefst. Nichts scheint mehr so zu sein wie bisher.

Im Evangelium hörten wir, wie die Jünger auf den Tod Jesu am Kreuz reagiert haben. Auch sie waren wie verstört. Doch am Abend des ersten Tages der Woche, das ist unser Sonntag, der Versammlungstag der Christen, kommen sie wieder zusammen. Aus Furcht vor den Juden verschließen sie die Türen. Sie wissen nicht, wie es weitergehen soll. So hatten sie es sich nicht vorgestellt! All ihre Hoffnungen sind mit Jesu Tod gestorben. Sie haben Angst vor den Feinden und Angst vor der Zukunft. Und plötzlich ist er mitten unter ihnen – in all ihrer Angst und Verschlossenheit. Jesus, der Lebendige, der Auferstandene ist da und begrüßt sie mit dem Friedensgruß: Friede sei mit euch! Das ist ein üblicher jüdischer Gruß – doch hier wird der Friede zur Gabe des Auferstandenen. Jesus gibt sich seinen Jüngern eindeutig zu erkennen, indem er ihnen seine Wundmale zeigt. Der Auferstandene ist auch der Gekreuzigte, der durch Leid und Tod hindurch gegangen ist. Der auferstandene Christus hat seine irdische Leidensgeschichte nicht von sich abgestreift, im Gegenteil, er bleibt durch sie ein- für allemal geprägt. Die Jünger freuen sich, als sie Jesus sehen. Sie fühlen sich

nicht mehr allein gelassen. Jesus wiederholt seinen Friedensgruß und nimmt sie in seinen Dienst, in den Dienst der Liebe, des Friedens und der Versöhnung. Er sendet sie hinaus und rüstet sie dafür mit seinem Geist aus. Er schenkt ihnen neuen Lebensatem.
Der Auferstanden ist auch jetzt in dieser Stunde mitten unter uns. Er ist da, auch wenn er uns vielleicht innerlich weit entfernt scheint, auch wenn wir kaum Luft zum Atmen haben.
Er findet den Weg zu uns, auch wenn wir uns aus Angst, aus Trauer oder Wut verschließen. Er will uns nahe sein und er kann auch unsere Trauer in neue Hoffnung, unsere Angst in Freude und unsere Wut in Kraft verwandeln. Sicherlich nicht heute und nicht in den nächsten Tagen, denn der Schrecken und die Trauer brauchen Zeit, Zeit zum Heilen und Zeit zur Verwandlung. Der Glaube an den Auferstandenen kann uns mitten im unbegreiflichen Leid der Welt Hoffnung schenken, dass auch dieses Leid überwunden werden kann.
Da, wo uns die Luft buchstäblich genommen ist, brauchen wir neuen Lebensatem. Flehen wir mit den Worten der Pfingstsequenz zu ihm: Komm herab, o Heiliger Geist, der die finstre Nacht zerreißt, strahle Licht in diese Welt. Höchster Tröster in der Zeit, spende Trost in Leid und Not!
Das Leben unseres Verstorbenen möge Gott vollenden mit seiner Liebe und ihn aufnehmen in sein Reich. Der Auferstandene wird auch ihm entgegenkommen und ihm seinen Frieden schenken.

Fürbitten

Der Auferstandene hauchte seine Jünger an und schenkte ihnen neuen Lebensatem. Wir rufen zu dir, Jesus Christus, und bitten dich um deinen Geist.

❍ In unsere Trauer, in die Dunkelheit unserer Stunden, in die Nacht unserer Verzweiflung, komm, Heiliger Geist, mit deinem Licht.

A.: Komm, Heiliger Geist!

❍ In unsere Leere, ins Chaos unserer Gefühle, in unsere Herzen, komm, Heiliger Geist, mit deiner Liebe.

❍ In unsere Ohnmacht, in unsere Hoffnungslosigkeit, in die Hilflosigkeit der kommenden Tage, komm, Heiliger Geist, mit deiner Kraft.

❍ Zu unserem verstorbenen N. N.: Komm, Heiliger Geist, mit der Freude des ewigen Lebens in deinem Frieden.

❍ Zu allen, die in eine schwierige Lebenslage geraten sind und keinen Ausweg sehen: Komm, Heiliger Geist, und eröffne eine neue Perspektive.

Gekreuzigter und auferstandener Herr Jesus Christus, sei du uns nahe und schenke uns Geborgenheit in dir. Heile, was in uns verwundet ist und tröste uns. Wir danken dir dafür, dass du uns nicht alleine lässt, keinen Tag unseres Lebens.

ELISABETH BEYER

Sich in aller Not selig preisen lassen

Schrifttext: Mt 5,1–12a

Trauersituation: Allerheiligen

Ansprache

»Selig die Armen im Geiste«: Mit dieser etwas anderen Übersetzung der ersten Seligpreisung wird gerne Spott getrieben, wenn jemand Positionen vertritt, die sich absolut nicht nachvollziehen lassen.

Die Seligpreisungen bewegen sich aber auf einem ganz anderen Niveau. Den Schlüssel zur ersten Seligpreisung bietet Psalm 1: »Wohl dem Mann, der nicht dem Rat der Frevler folgt, nicht auf dem Weg der Sünder geht, nicht im Kreis der Spötter sitzt, sondern Freude hat an der Weisung des Herrn, über seine Weisungen nachsinnt bei Tag und bei Nacht. Alles, was er tut, wird ihm gelingen.« (Ps 1,1–2.3c)

Arm sein vor Gott heißt demnach, einen Lebensstil zu wagen, der deutliche Nachteile in Kauf nimmt, um seinem Glauben treu zu bleiben. Die Deutung der folgenden Seligpreisungen setzt das um in praktische Anregungen, wie es gelingen kann, in aller Not doch selig zu heißen.

Arm vor Gott sind Trauernde, Menschen, die ihren schweren persönlichen Verlust annehmen können. Sie brauchen keine Sündenböcke, müssen nichts verdrängen oder gar mit Gott brechen. Im Annehmen des Leids, wie schwer es auch immer sich ereignet, bleiben sie offen für Trost und behalten die Kraft, das Schlimme verarbeiten zu können.

Arm vor Gott sind Menschen ohne Ellenbogen und Intrigen. Sie verzichten auf Gewalt und vertrauen auf die Kraft friedlicher Prozesse. Auch wenn sie unter Mobbing leiden, unter Unterdrückung oder Ausbeutung, ihr Leben wird gelingen und sie werden ihre Würde behalten, so, als wären sie die Erben der Welt.

Arm vor Gott sind Menschen, die sie sich mit den Ungerechtigkeiten in ihrer kleinen wie in der großen Welt nicht abfinden und sich unermüdlich für vielerlei Formen der Gerechtigkeit einsetzen. Das reicht von Dumpinglöhnen bis Kinderarbeit, von diktatorischen Strukturen bis zu Monopolen. Sie werden ihre Ziele auf Dauer erreichen.

Arm sein vor Gott nimmt Not und Armut ernst. Aber darin erschließt sich eine Quelle der Freude, wie die folgenden Seligpreisungen zeigen.
Freut euch ihr Barmherzigen. Ihr habt in aller Not, die euch selber umgibt, das Gespür für die Not des Nächsten bewahrt und euch für ihn eingesetzt. Ihr könnt euch wirklich freuen, denn Gott selbst wird euch nie im Stich lassen.
Freut euch, die ihr aus eurem Herzen keine Mördergrube macht und eurem Gewissen treu geblieben seid. Ihr kommt mit eurem reinen Herzen und Gewissen Gott am nächsten.
Freut euch ihr Friedensstifter. Ihr scheut euch nicht vor Konflikten, auch wenn ihr noch so sehr darunter leidet. Aber ihr handelt ergebnisorientiert und wollt weder Sieger noch Besiegte. Man wird höchsten Respekt vor euch haben.
Bei allem Armsein vor Gott und aller Freude über gute Wege dürft ihr eins nicht vergessen: Ihr handelt euch damit keine Verdienste ein. Man wird euch zusetzen, wo man kann – mit Beschimpfung, Verfolgung und Verleumdung. Aber der Weg lohnt sich. Ihr seid Boten des anbrechenden Reiches Gottes.
Heute feiern wir das Fest Allerheiligen. Das dürfen wir auch als eine Art »Erntedank« der Heilsgeschichte betrachten, kommen doch alle Formen der Seligpreisungen in den so unterschiedlichen Lebensentwürfen der Heiligen zum Ausdruck. Das zeigt die Vielfalt des Reiches Gottes schon in seinen Anfängen und schenkt uns Hoffnung, dass in jeder Not ein Stück Seligkeit angelegt ist und keimen will.

Fürbitten

Herr Jesus Christus,
in den Seligpreisungen haben wir die Vielfalt deines anbrechenden Reiches betrachtet und die Heiligen und Seligen sind uns leuchtende Beispiele des Lebens aus dem Glauben. Wir bitten dich:

- Menschen leben verbittert, weil sie einen lieben Menschen verloren haben oder schweres Schicksal erdulden. Begleite sie in ihrer Not und lass sie Trost finden.

V./A.: Herr, erbarme dich./Christus, erbarme dich, Herr, erbarme dich.

- Menschen leiden unter der Rücksichtslosigkeit anderer. Bewahre sie vor der Versuchung, sich mit Gewalt Genugtuung zu verschaffen.

- Menschen leiden unter vielerlei Formen des Unrechts, sei es am Wohnort, am Arbeitsplatz oder in der Gesellschaft. Lass ihren Hunger und Durst nach Gerechtigkeit gestillt werden.
- Menschen leiden unter Gewalttätigkeiten auf der Straße oder in Familien. Bewahre ihnen die Hoffnung auf friedliche Lösung ihrer Nöte.

Herr Jesus Christus, die Ziele der Seligpreisungen und unsere Situation im Alltag liegen weit auseinander. Stärke uns durch deinen Heiligen Geist, beharrlich an deinem Reich weiterzubauen in dem Bewusstsein: »Freut euch und jubelt, euer Lohn im Himmel wird groß sein.«

HEINRICH KLÖPPING

Bibelstellenregister

(Texte der Ansprachen)

Herausgeber, Autorinnen und Autoren

. . . .

ADRIAN WARZECHA, Mitglied im Beirat der Predigtzeitschrift »Dienst am Wort«, Pfarrer, Neresheim

ELISABETH BEYER, Theologin, Aalen

CHRISTIANE BUNDSCHUH-SCHRAMM DR. THEOL., Pastoralreferentin, Referentin für Spiritualität am Institut für Fort- und Weiterbildung der Diözese Rottenburg-Stuttgart

WOLFGANG DOERING, Diakon, Neresheim

HERIBERT FEIFEL, Pfarrer i.R., Stuttgart

PATER JOHANNES JERAN SJ, Pfarrer, Dresden

FRANZ KEIL, Pfarrer, Kirchheim/Teck

CHRISTEL KLEINE, Pastoralreferentin der italienischen Gemeinde, Fellbach

THOMAS KLEINE, Dr. theol., Pastoralreferent, Seelsorger für aids- und drogenkranke Menschen, Stuttgart

HEINRICH KLÖPPING, Pfarrer, Großbottwar

STEFAN LEPRE, Pastoralreferent, Illerkirchberg

GERHARD SCHNEIDER, Dr. theol., Pfarrer, Leiter des Theologisch-propädeutischen Seminars der Diözese Rottenburg-Stuttgart »Ambrosianum«; Tübingen

HANS-MICHAEL SCHNEIDER, Dr. theol., Pfarrer, Dozent für Liturgik, Rottenburg

PATER KLAUS SCHWEIGGL SJ, Dr. theol., Hospizseelsorger, Wien

ANTON SEEBERGER, Pfarrer und Trauerbegleiter, Stuttgart

HOLGER WINTERHOLER, Bischöflicher Sekretär, Rottenburg

PATER VALENTIN ZIEGLER OSB, Pfarrer, Kloster Andechs